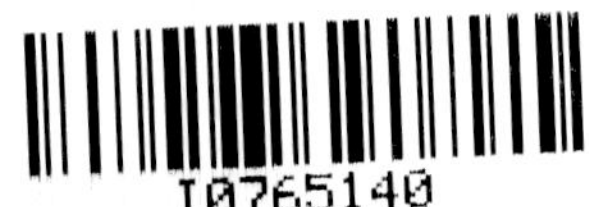

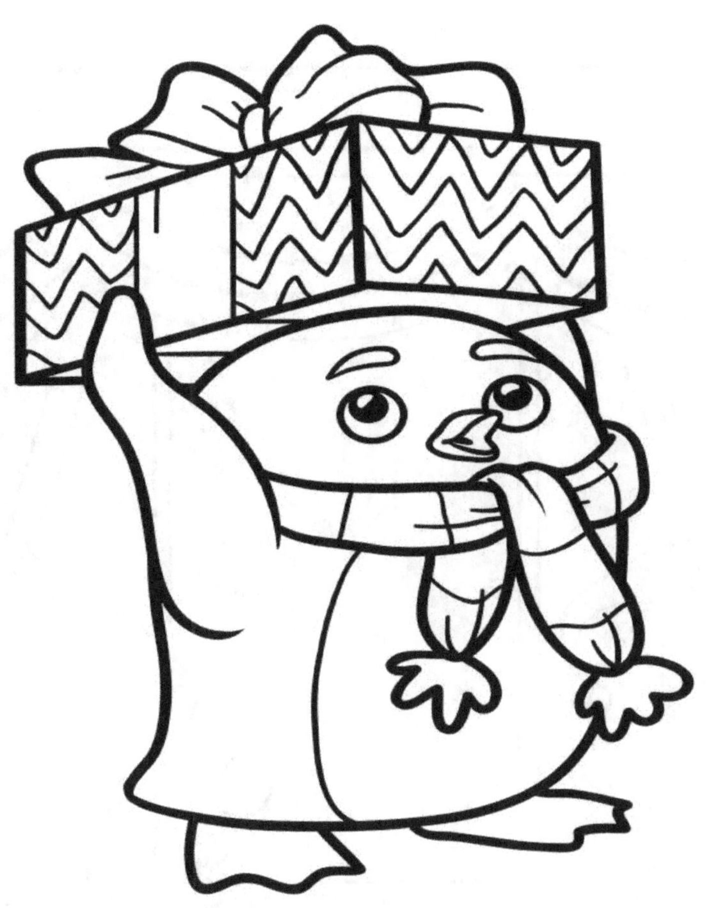

This Book Belongs To:

____

____

____

____

____

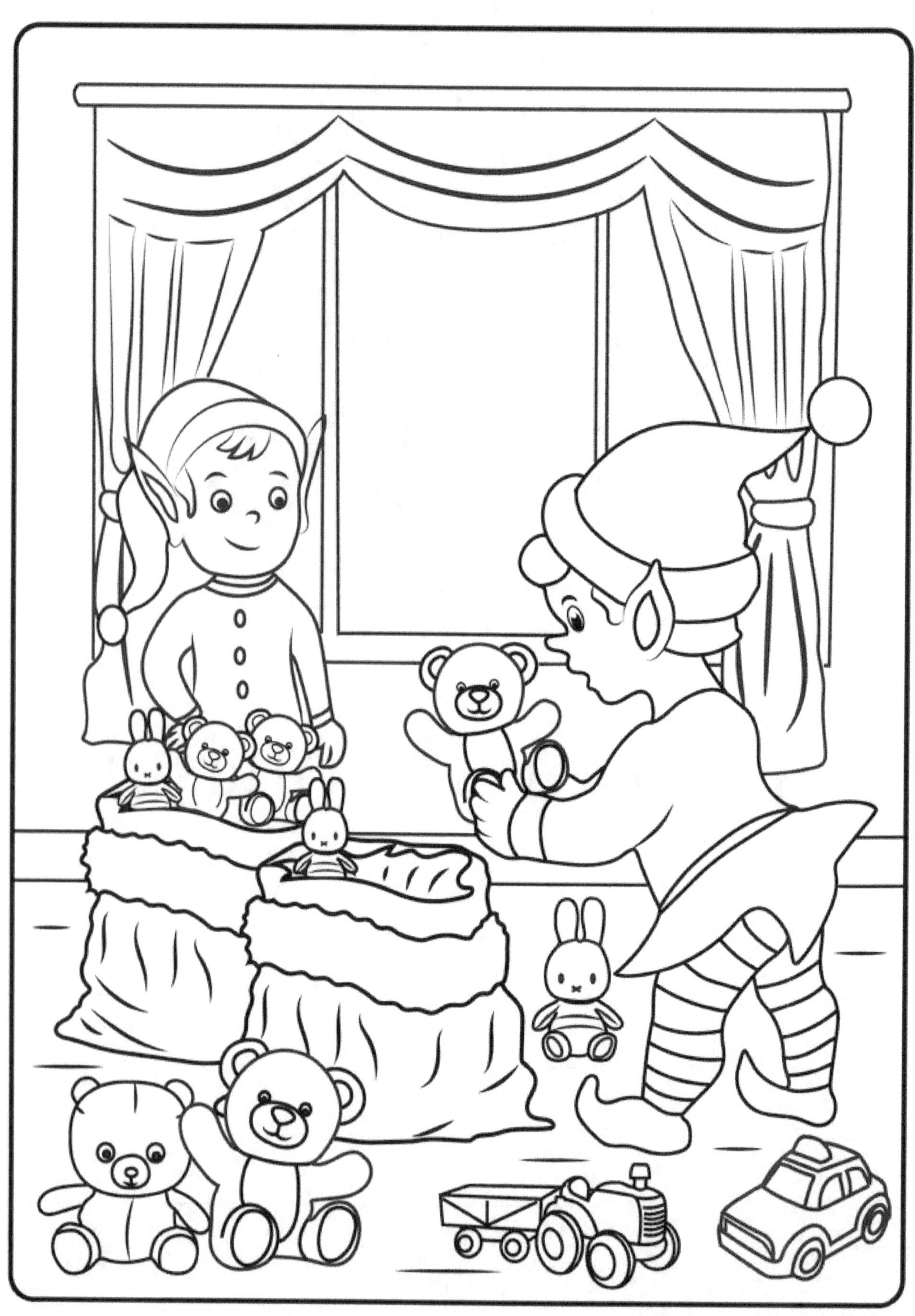

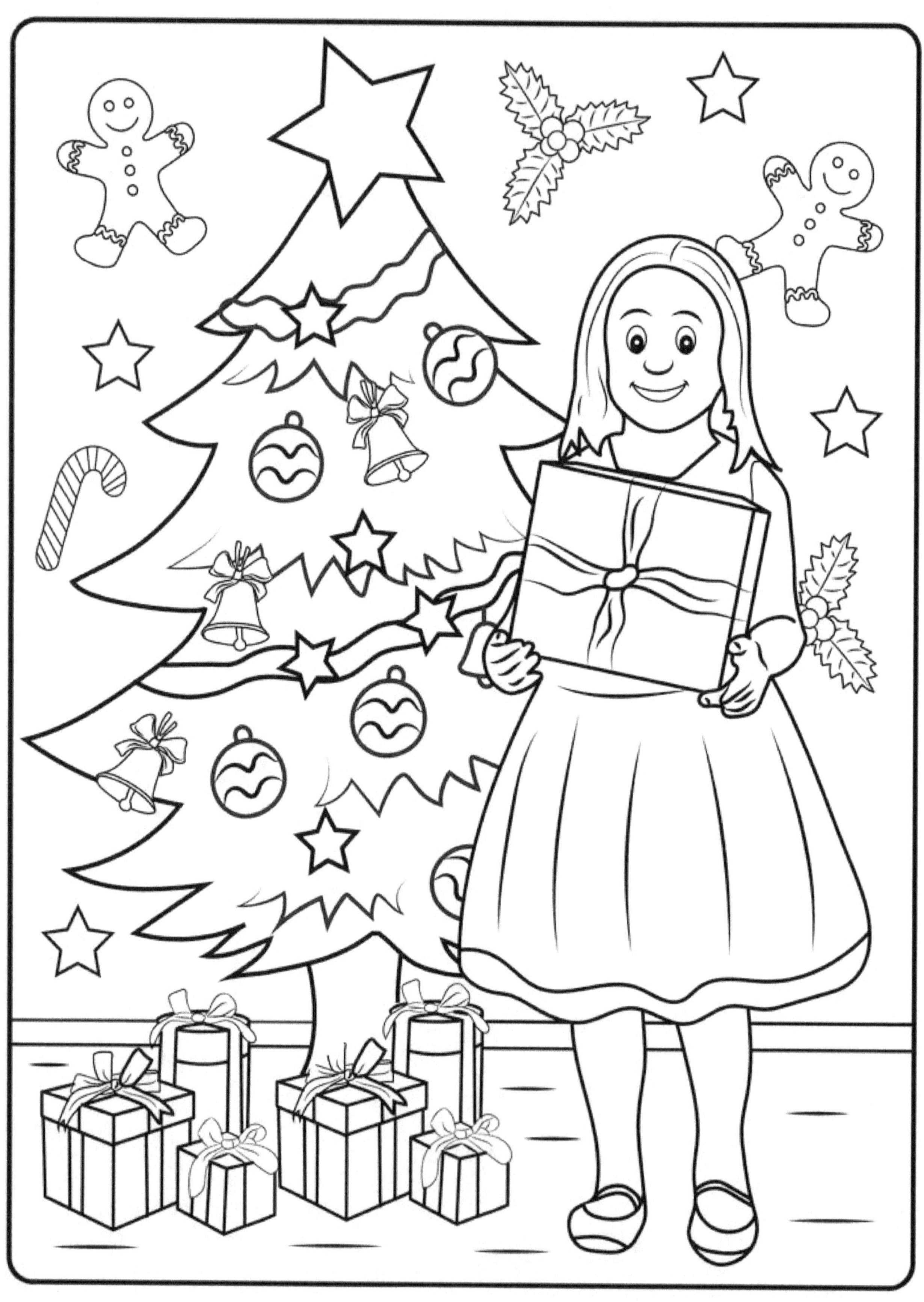

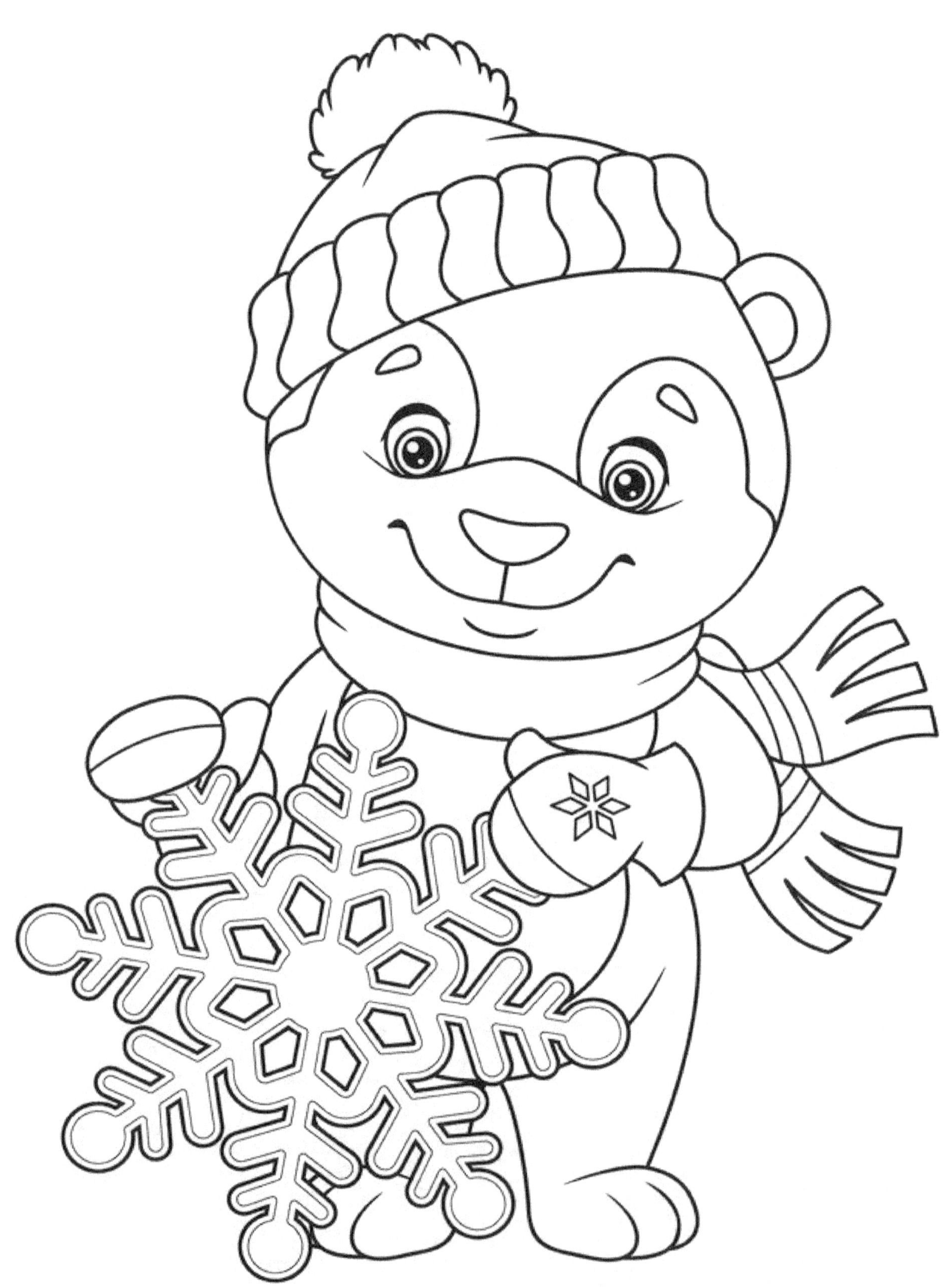

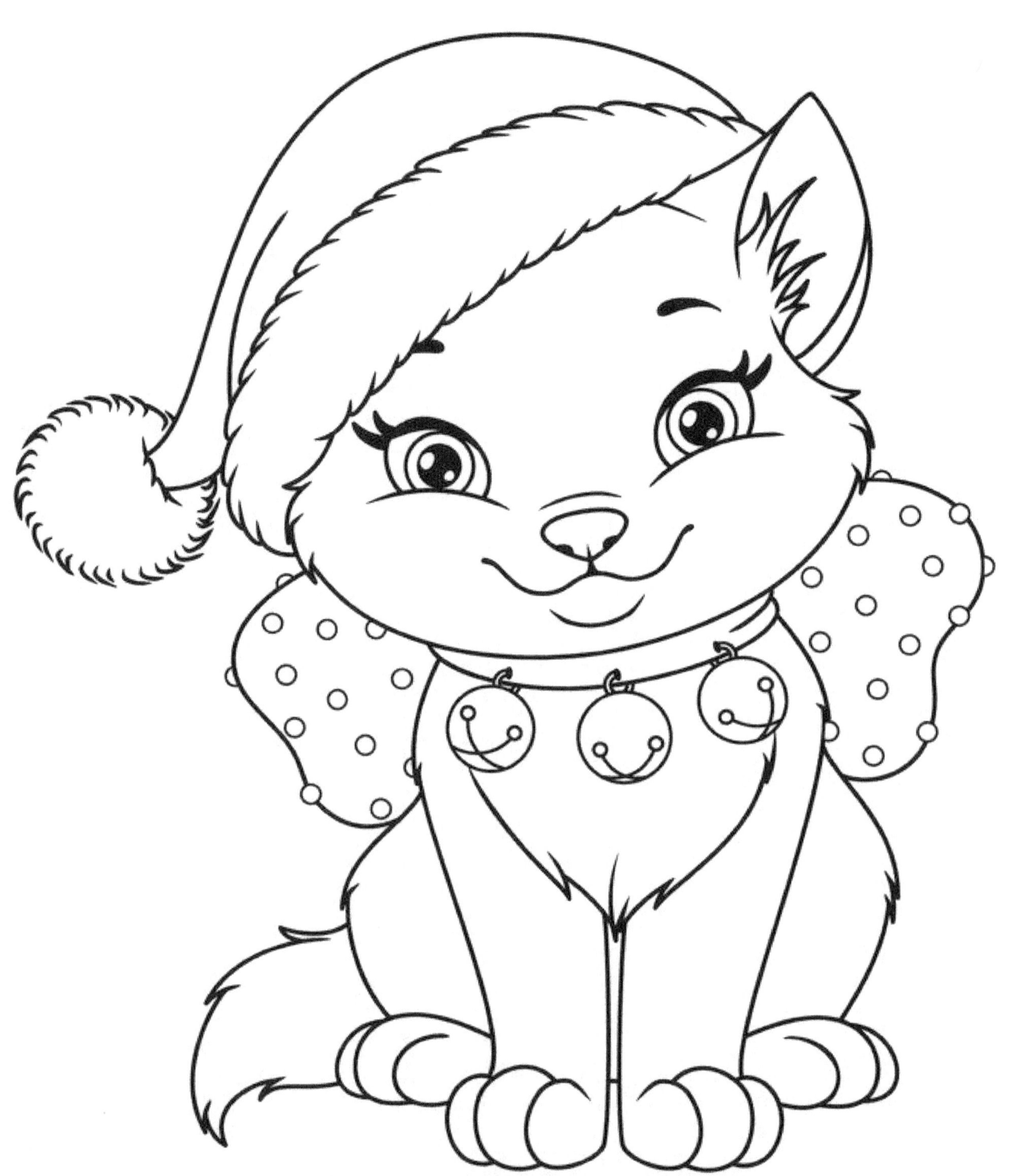

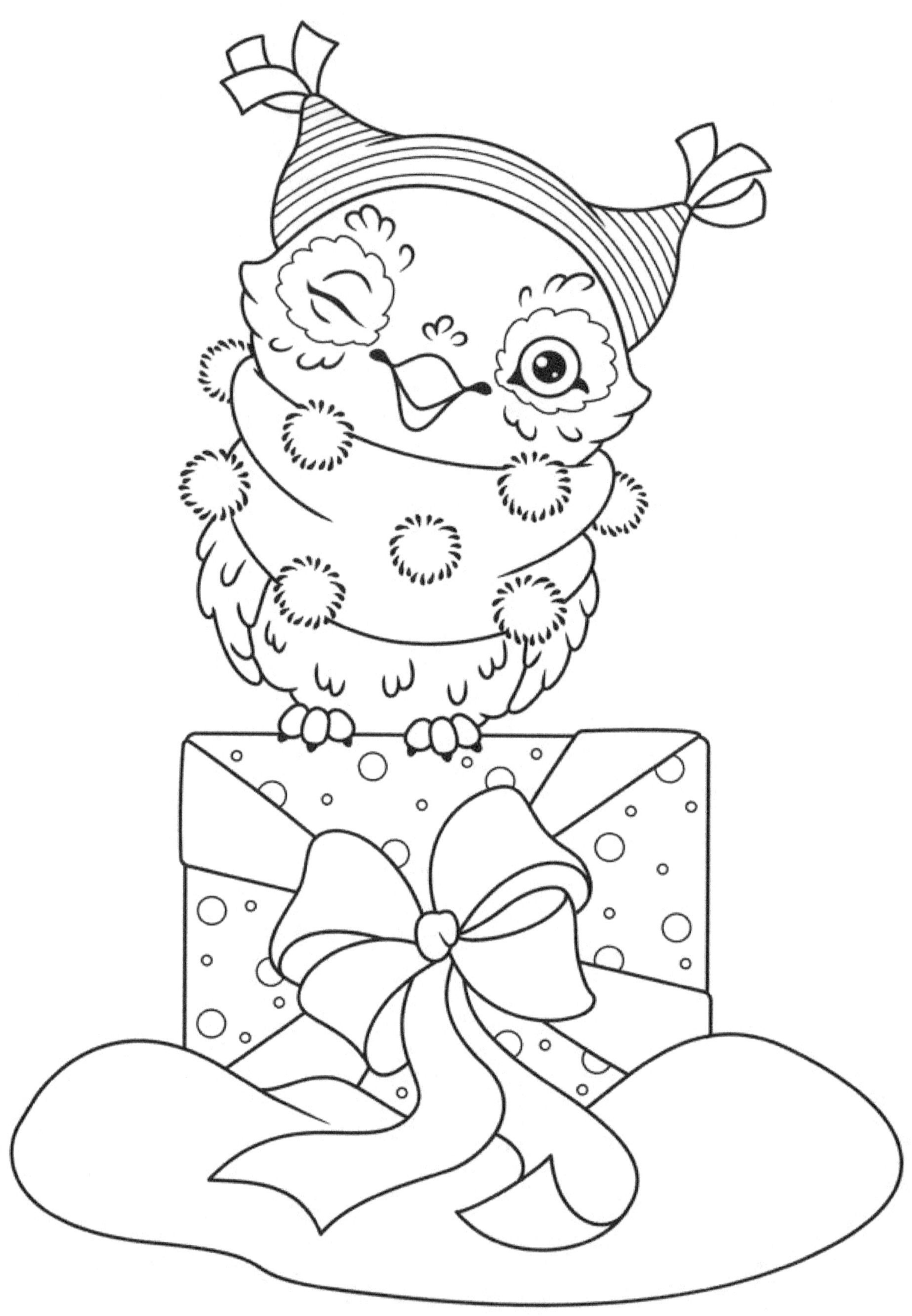

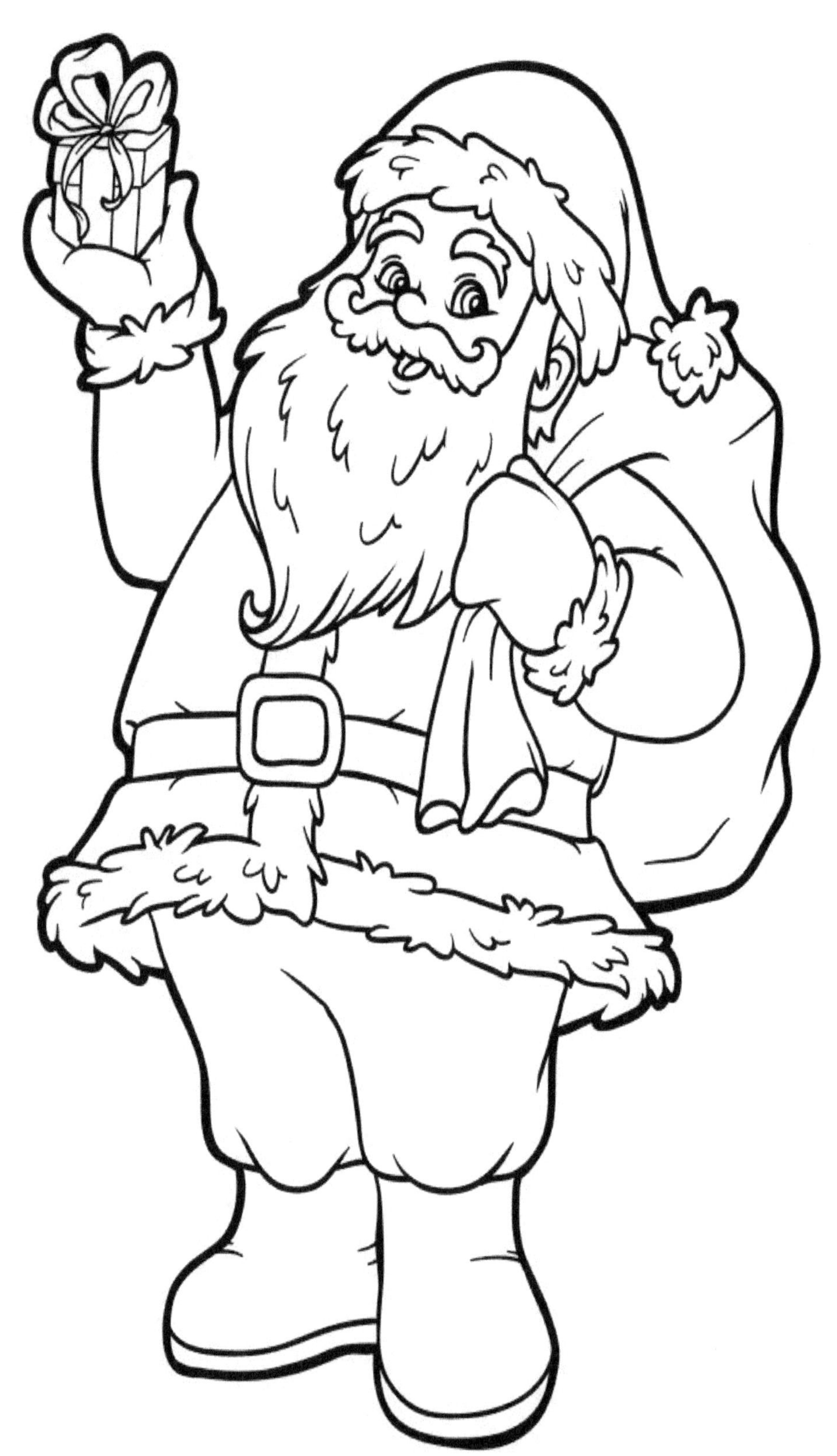

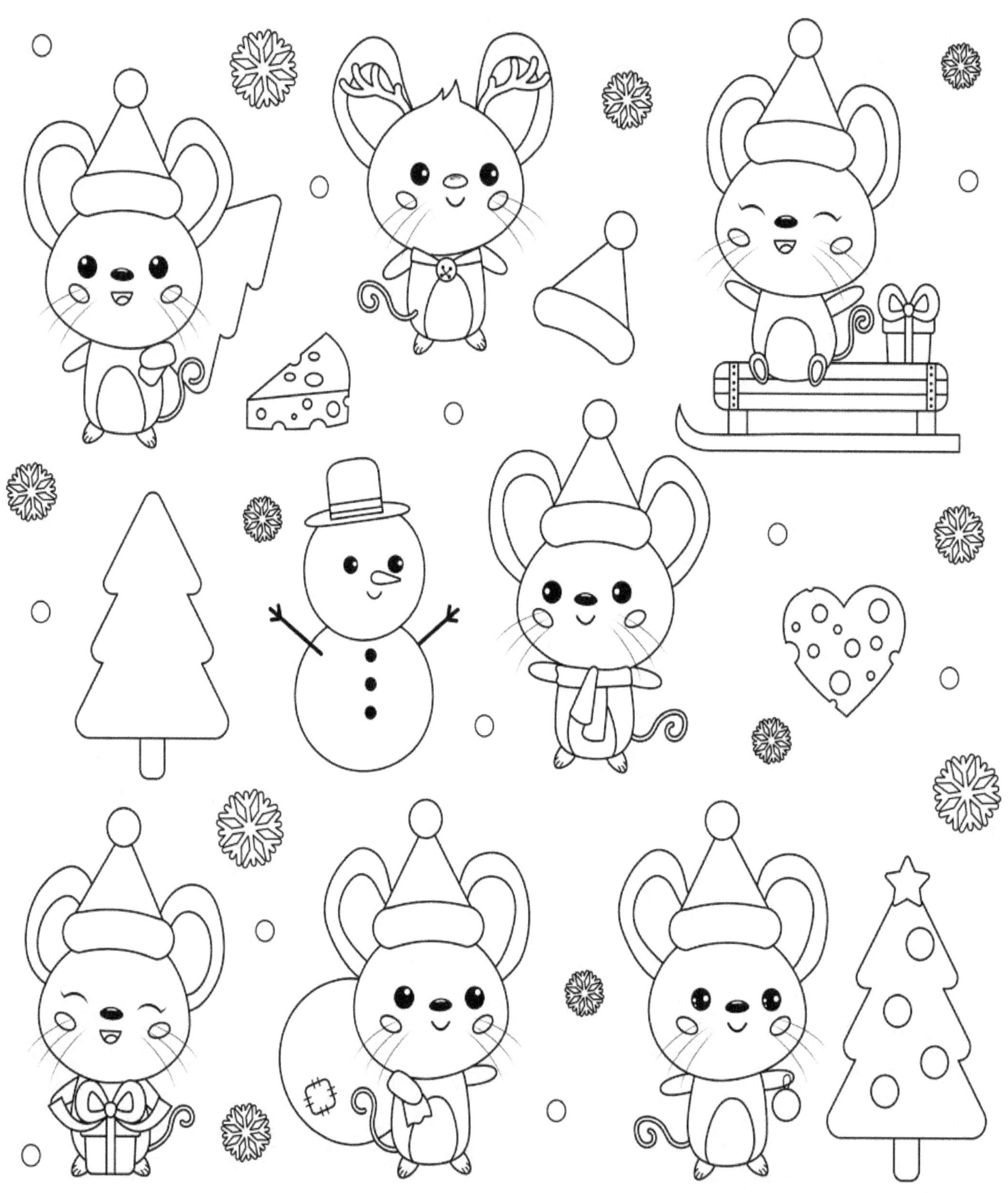

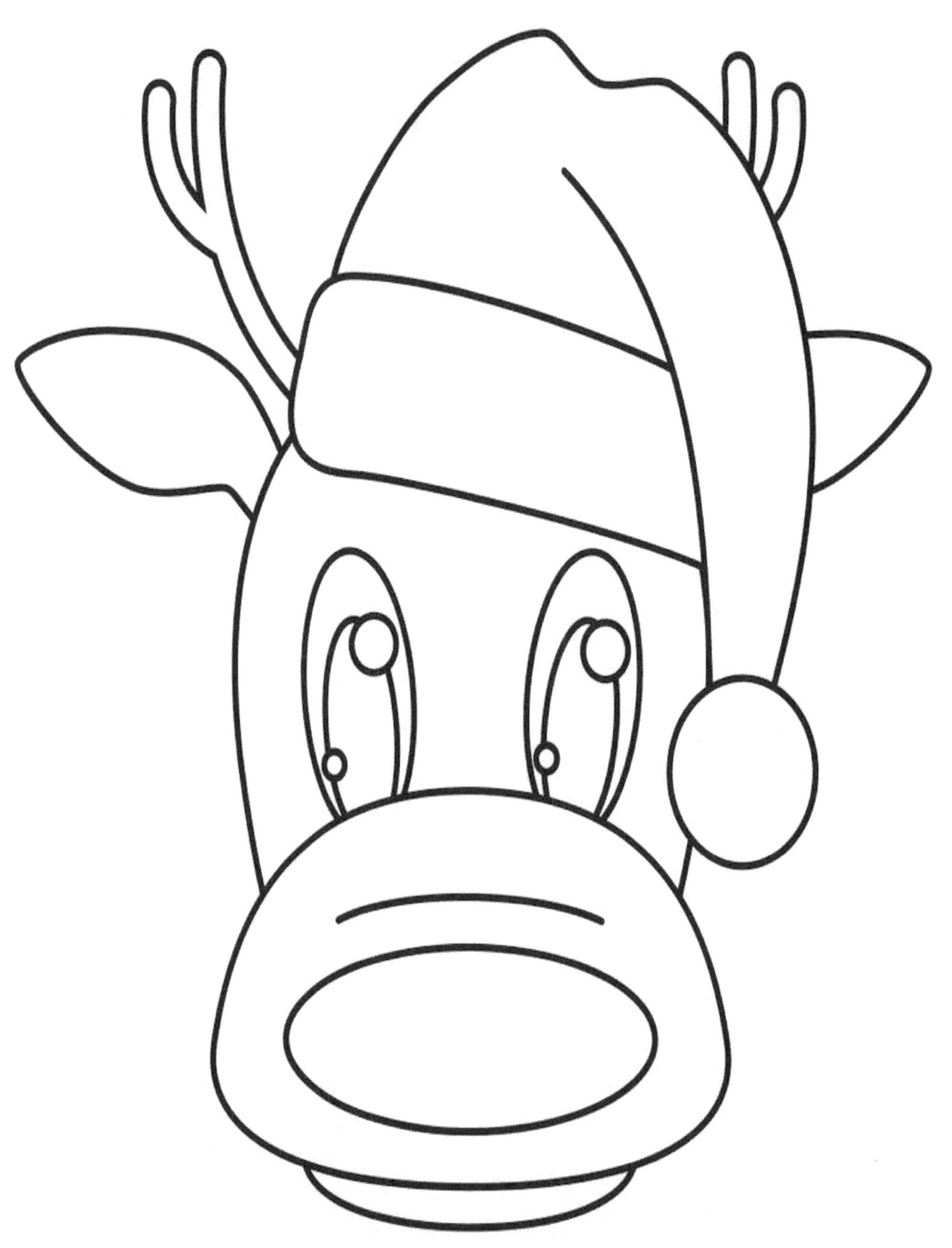

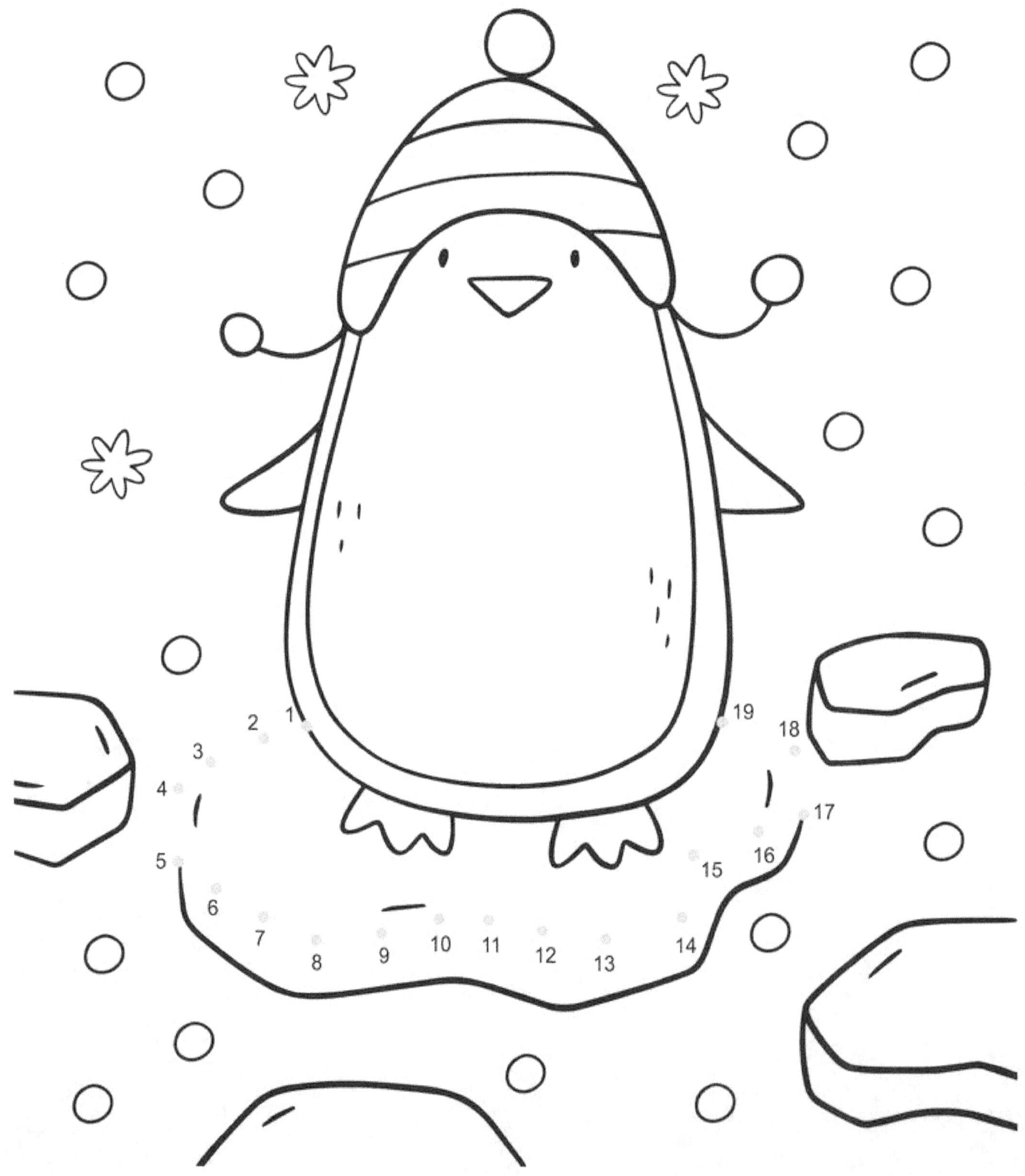

1
2
3
4
5
6
7
8
9
10
11
12
13
14
15
16
17
18
19

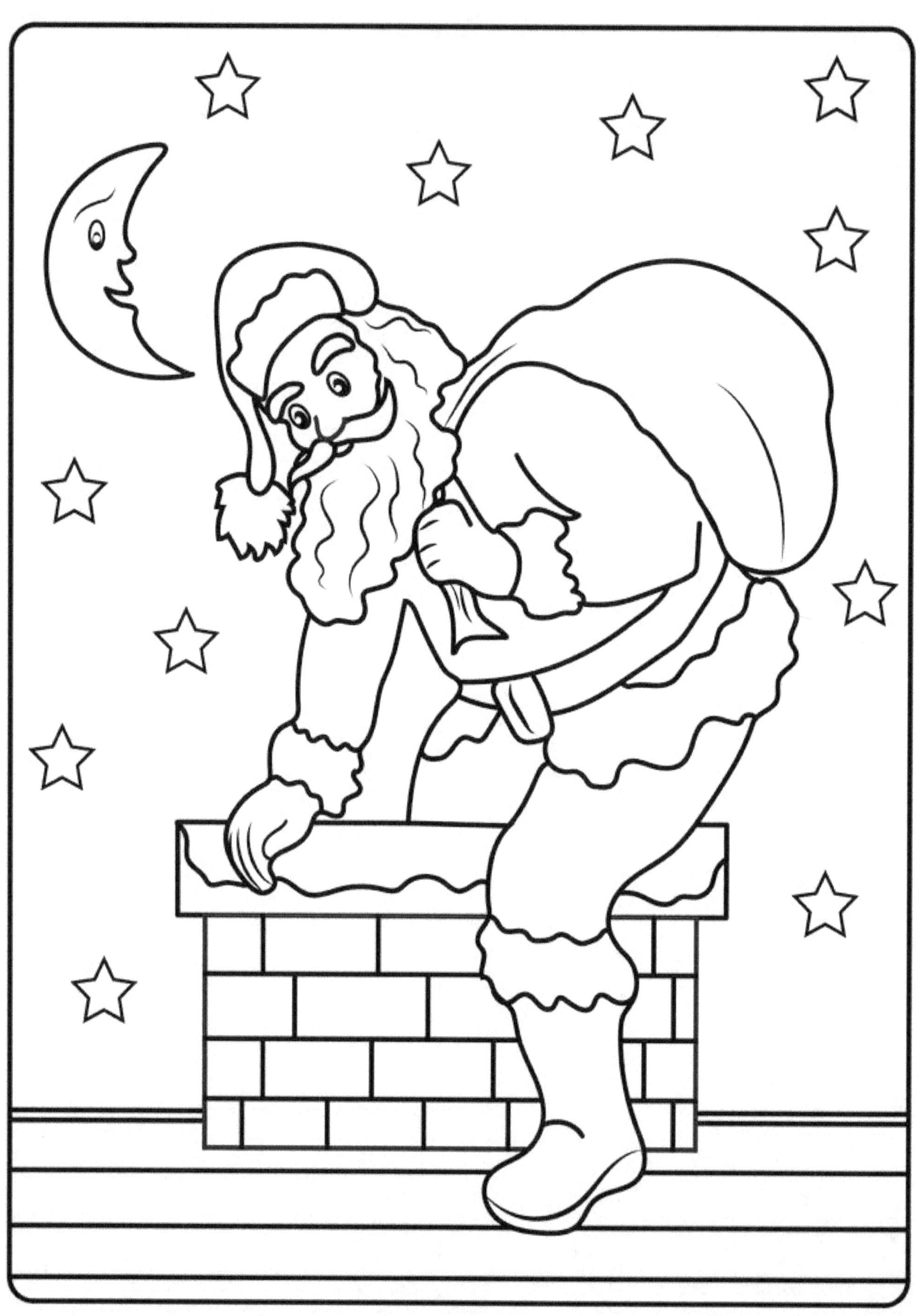

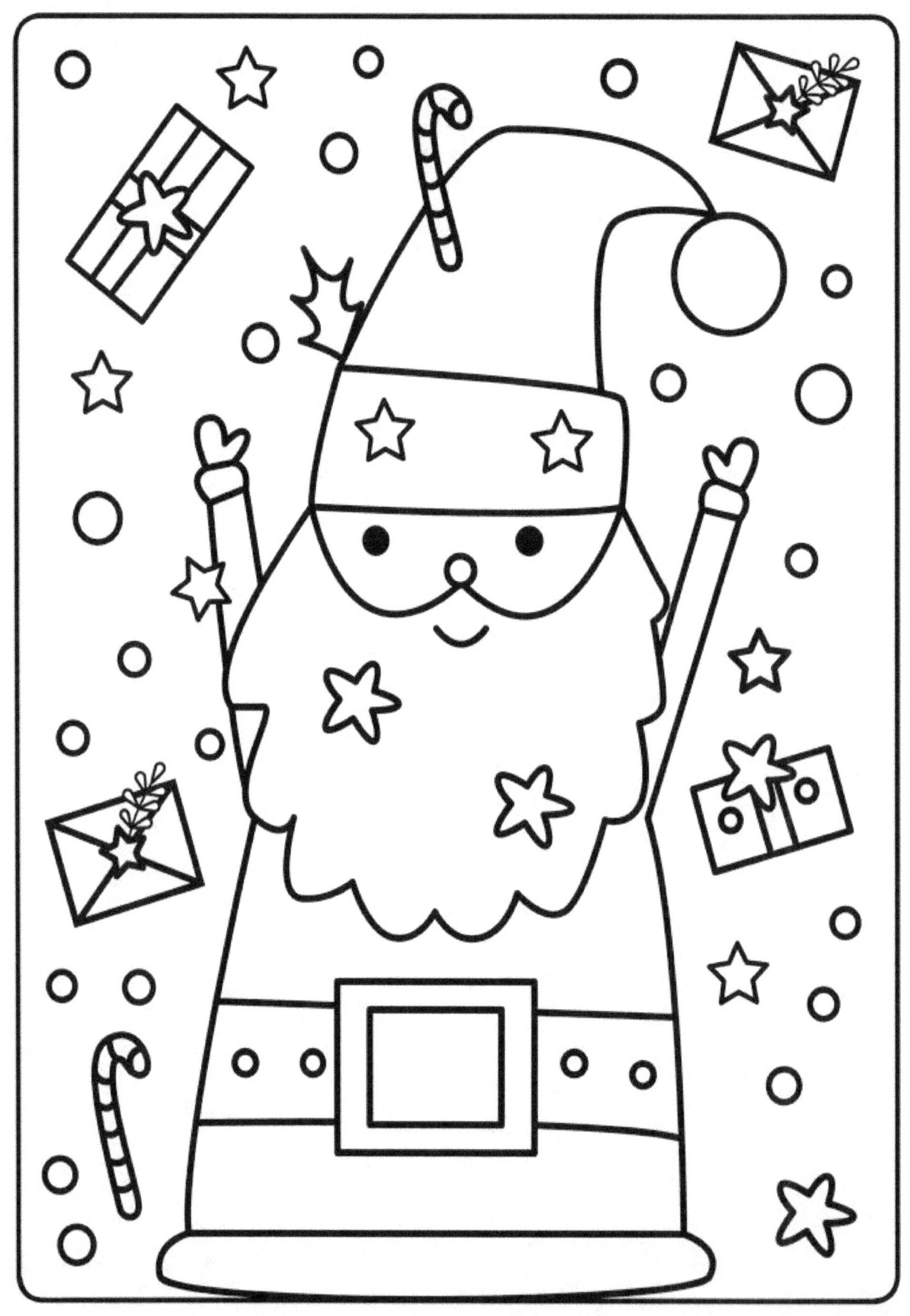

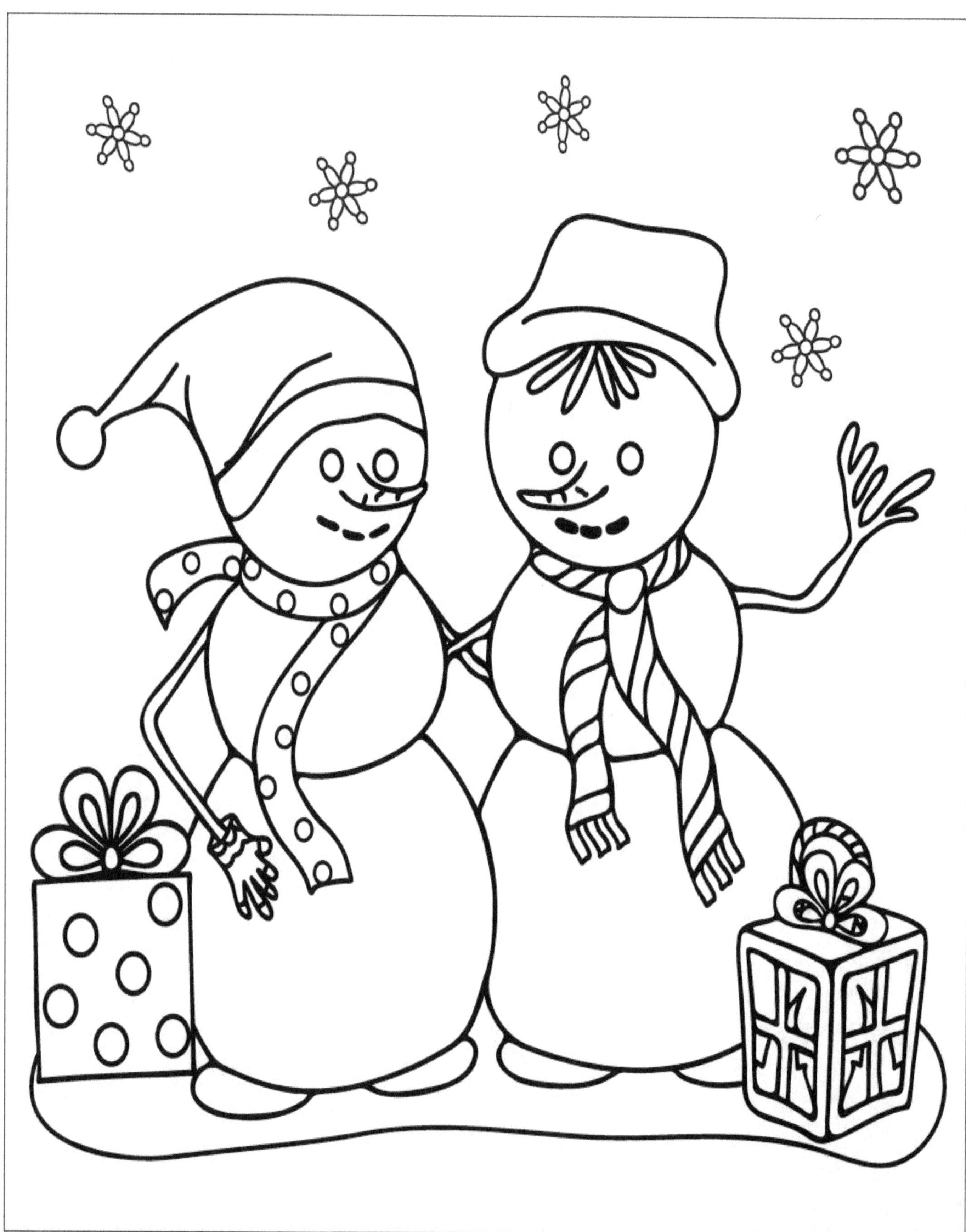

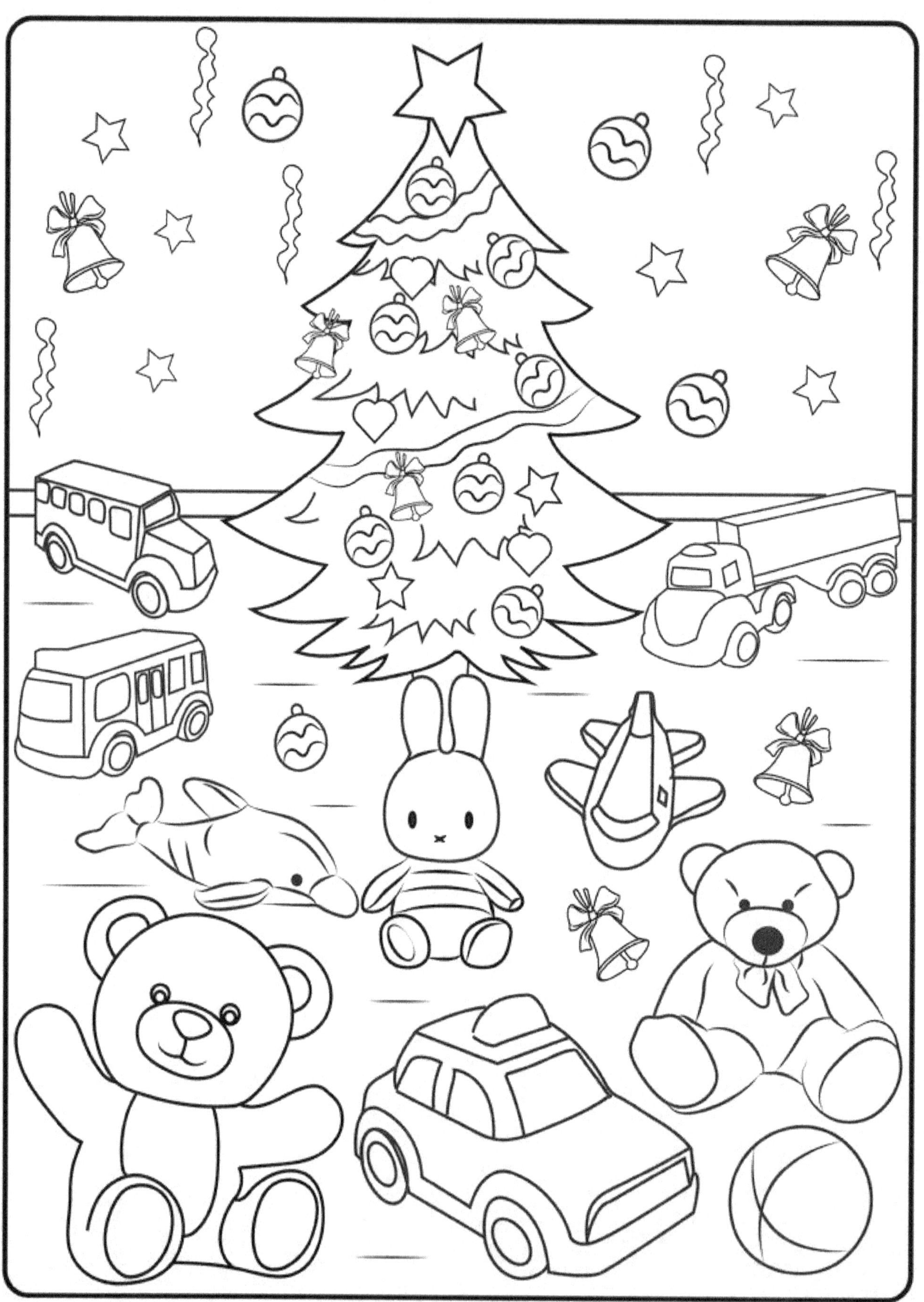

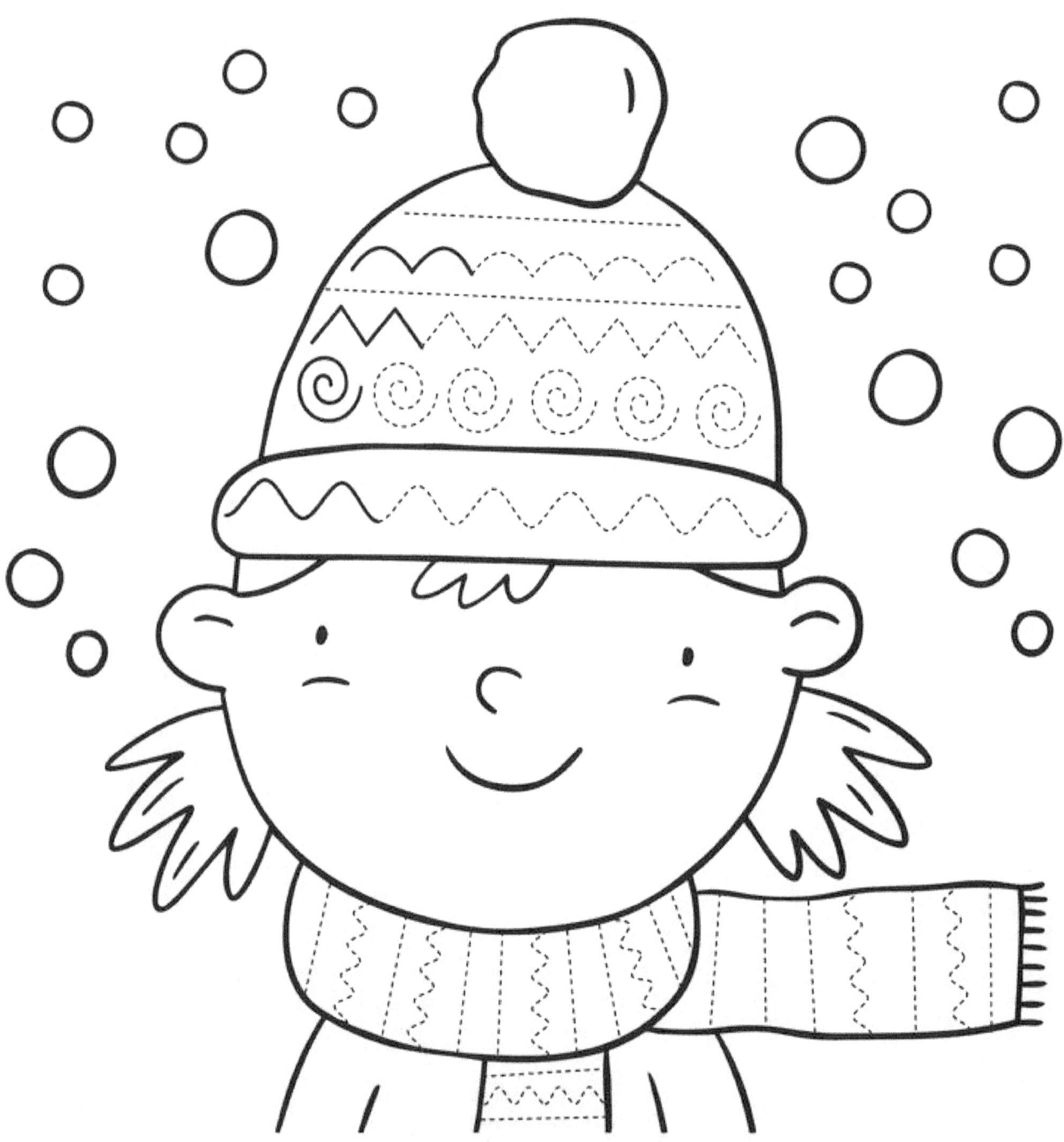

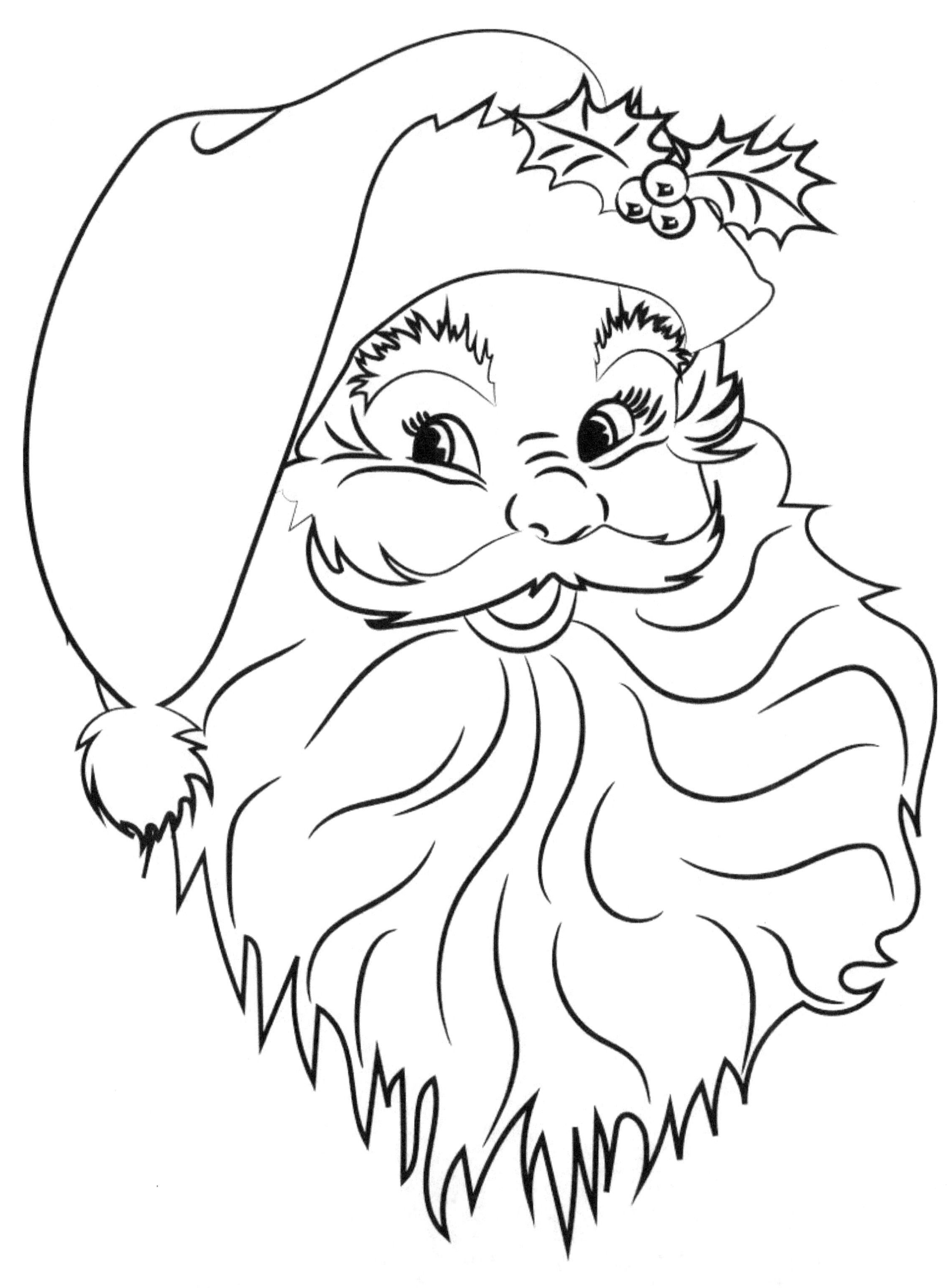

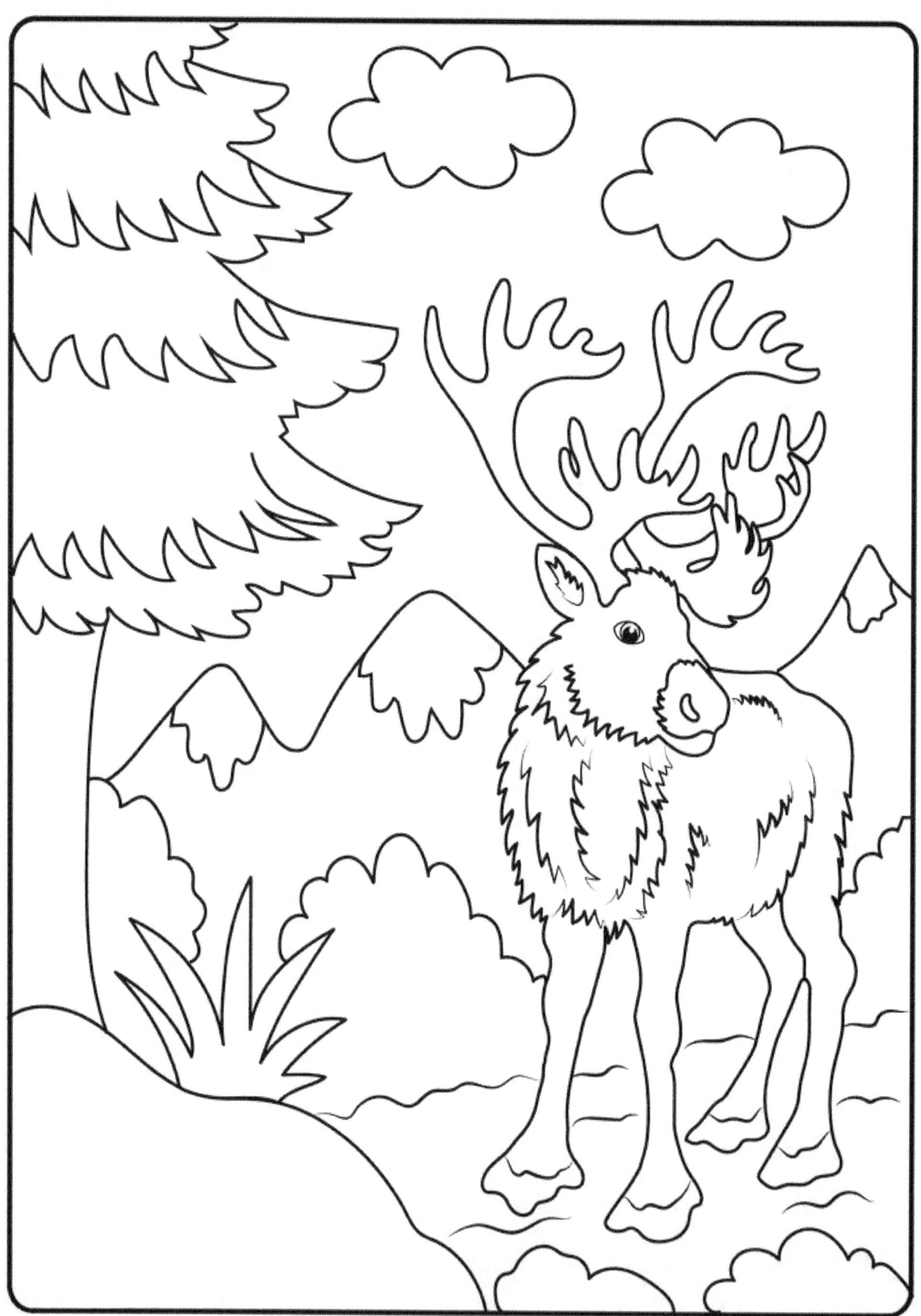

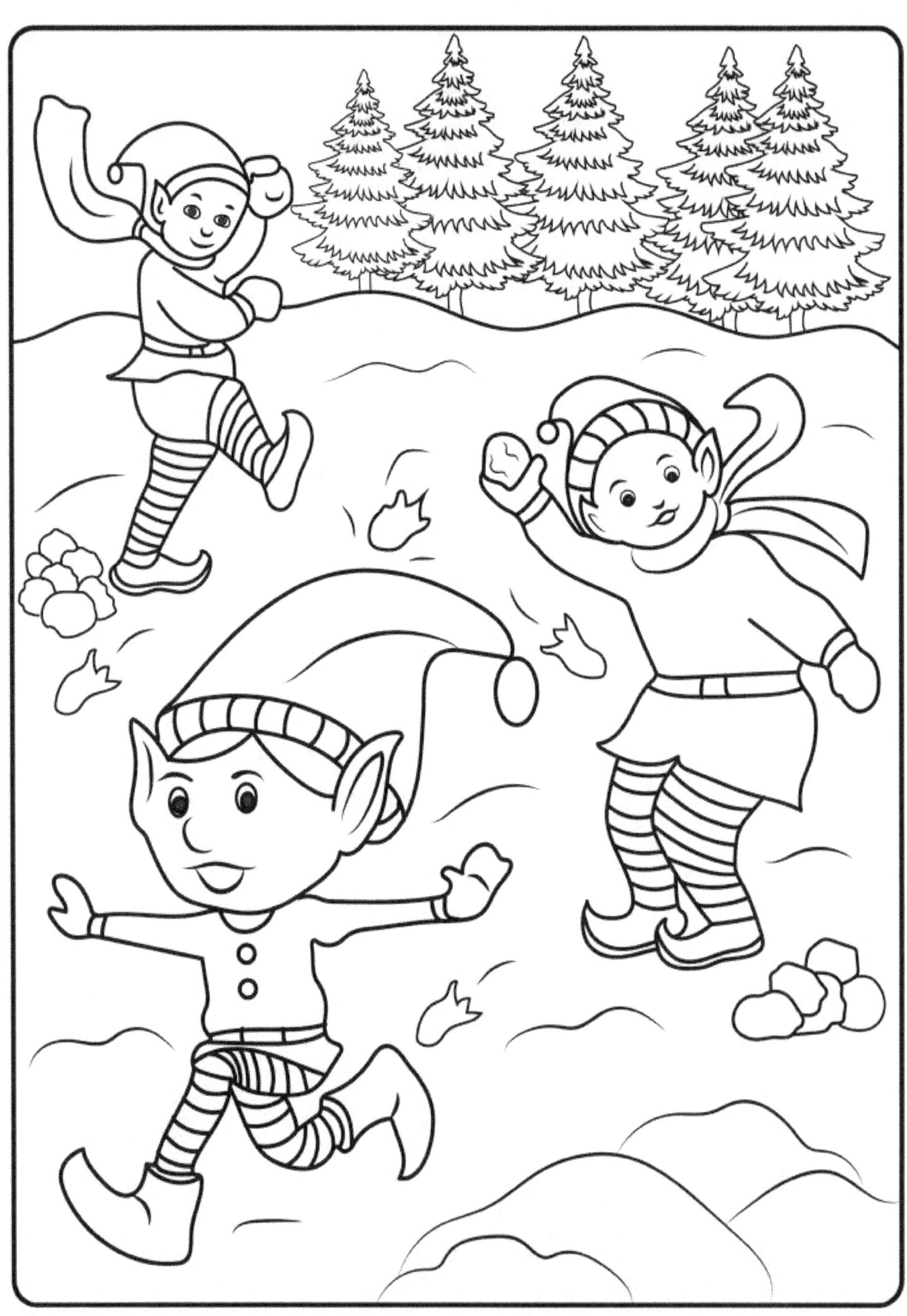

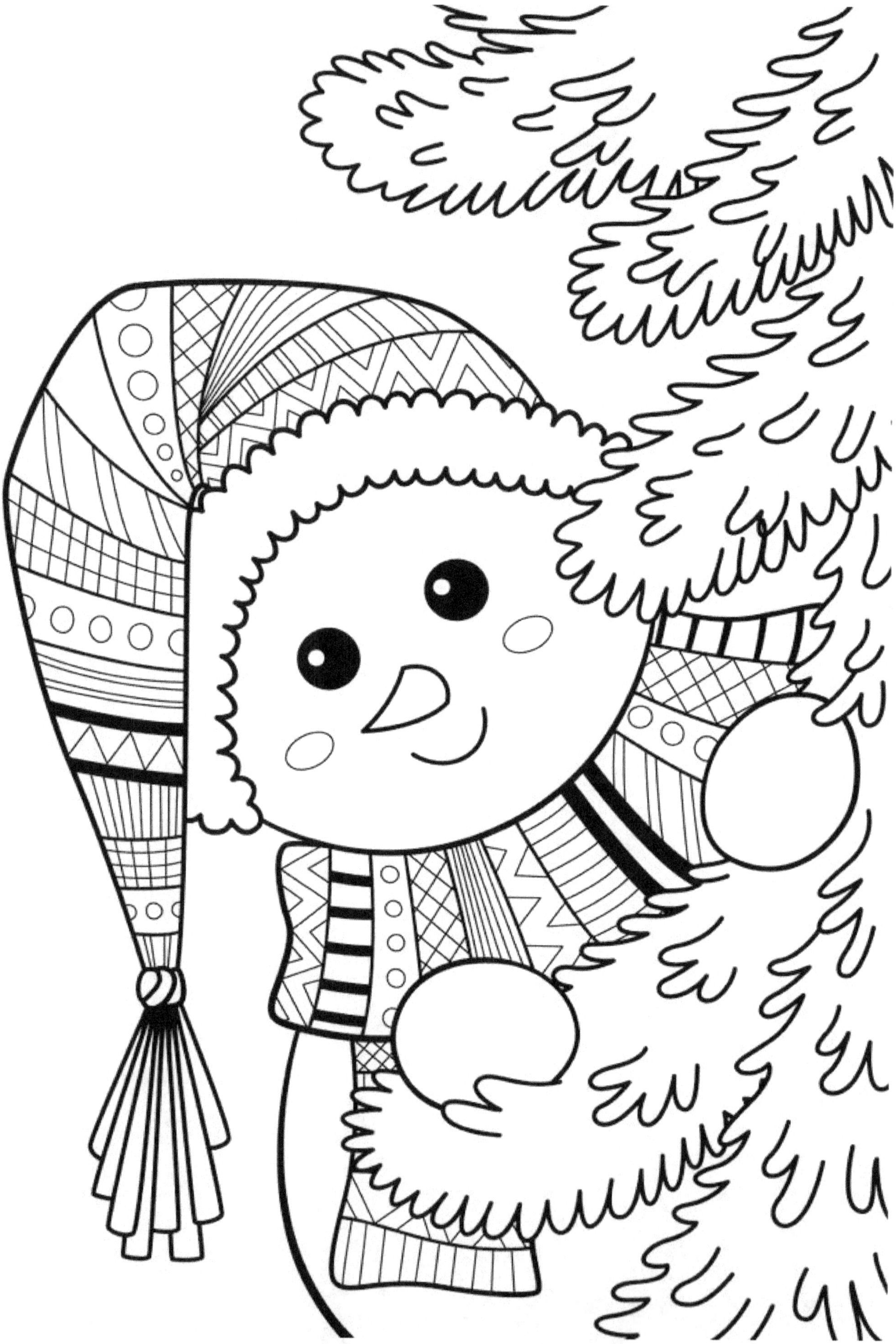

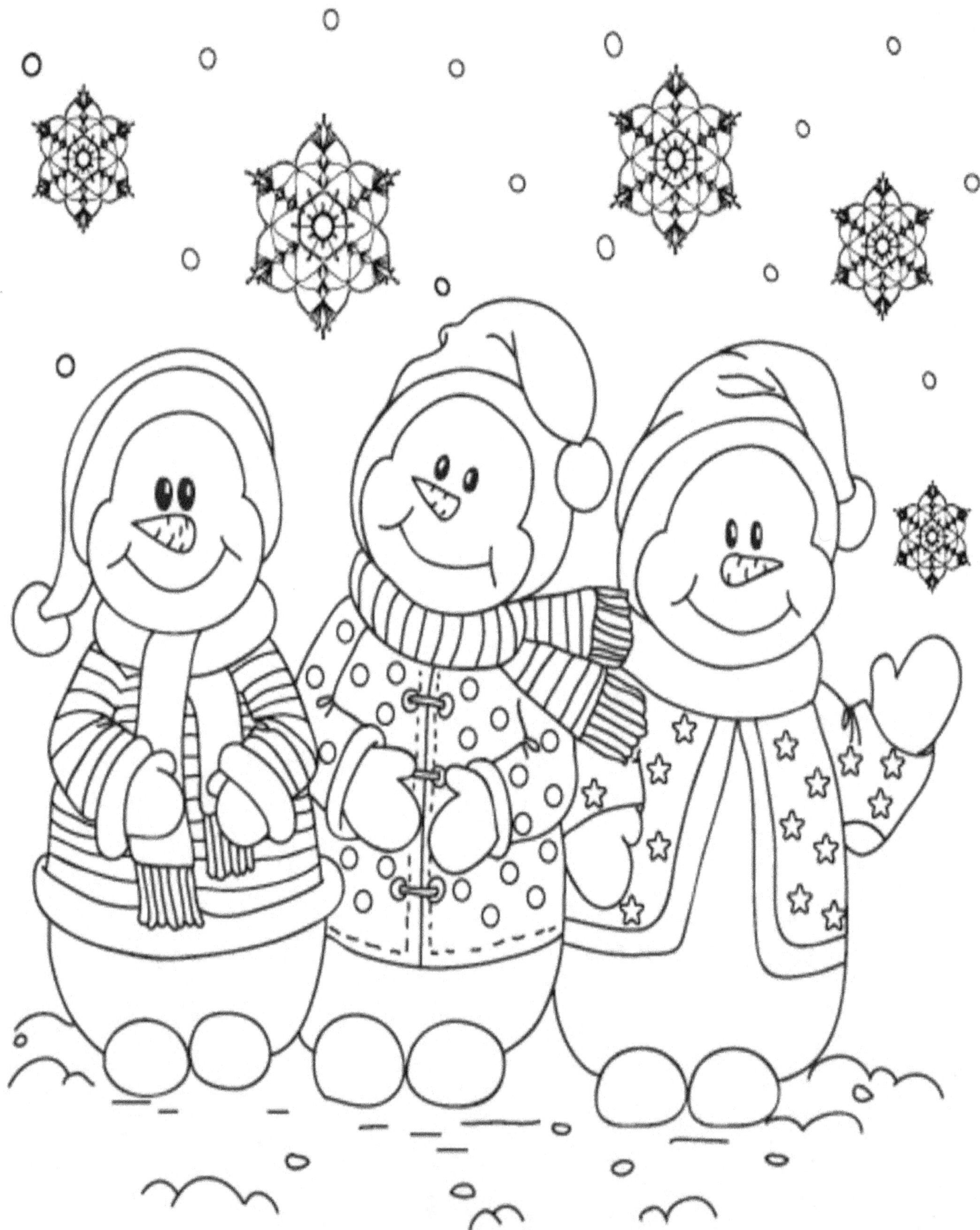

Merry Christmas

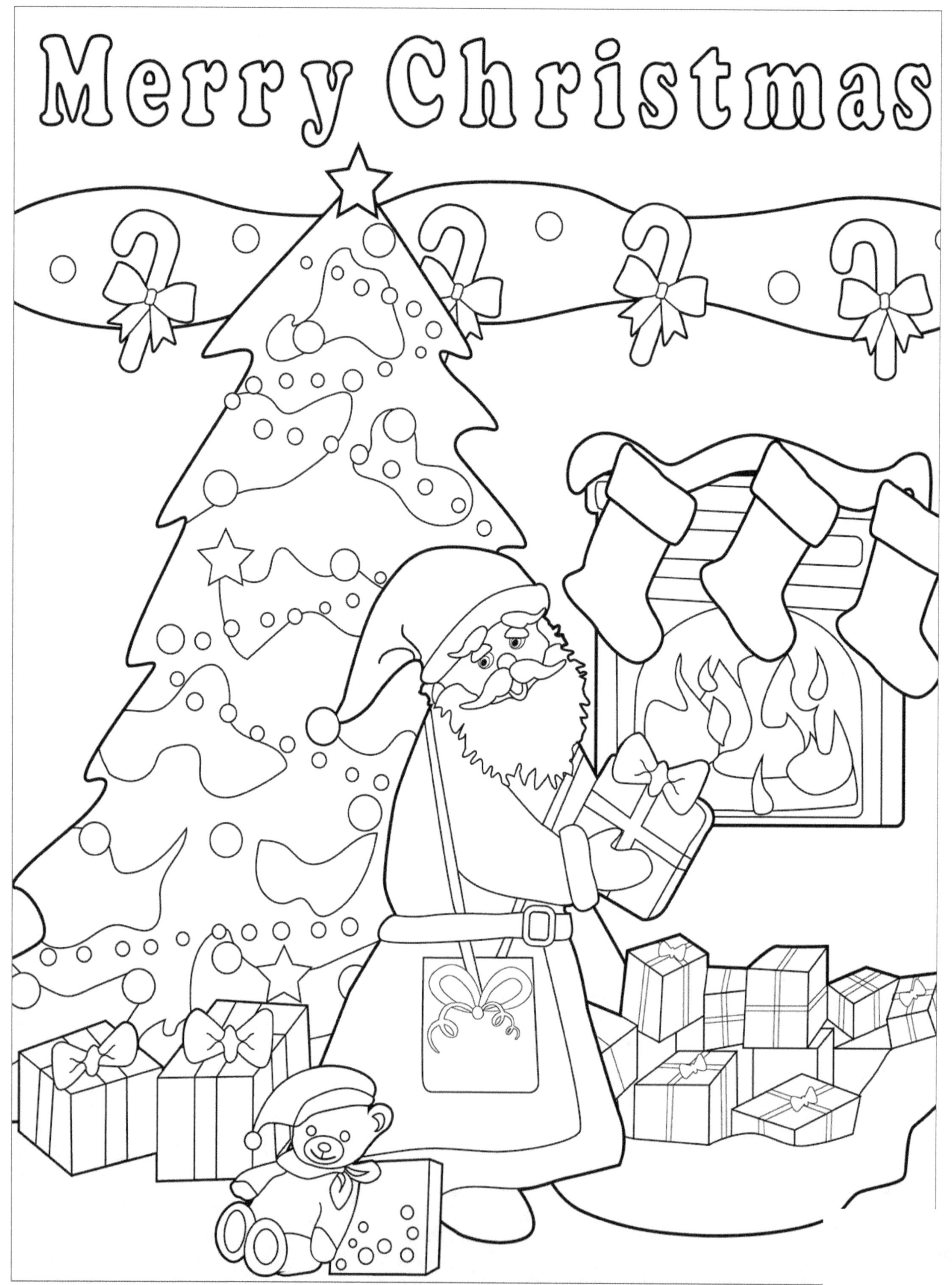

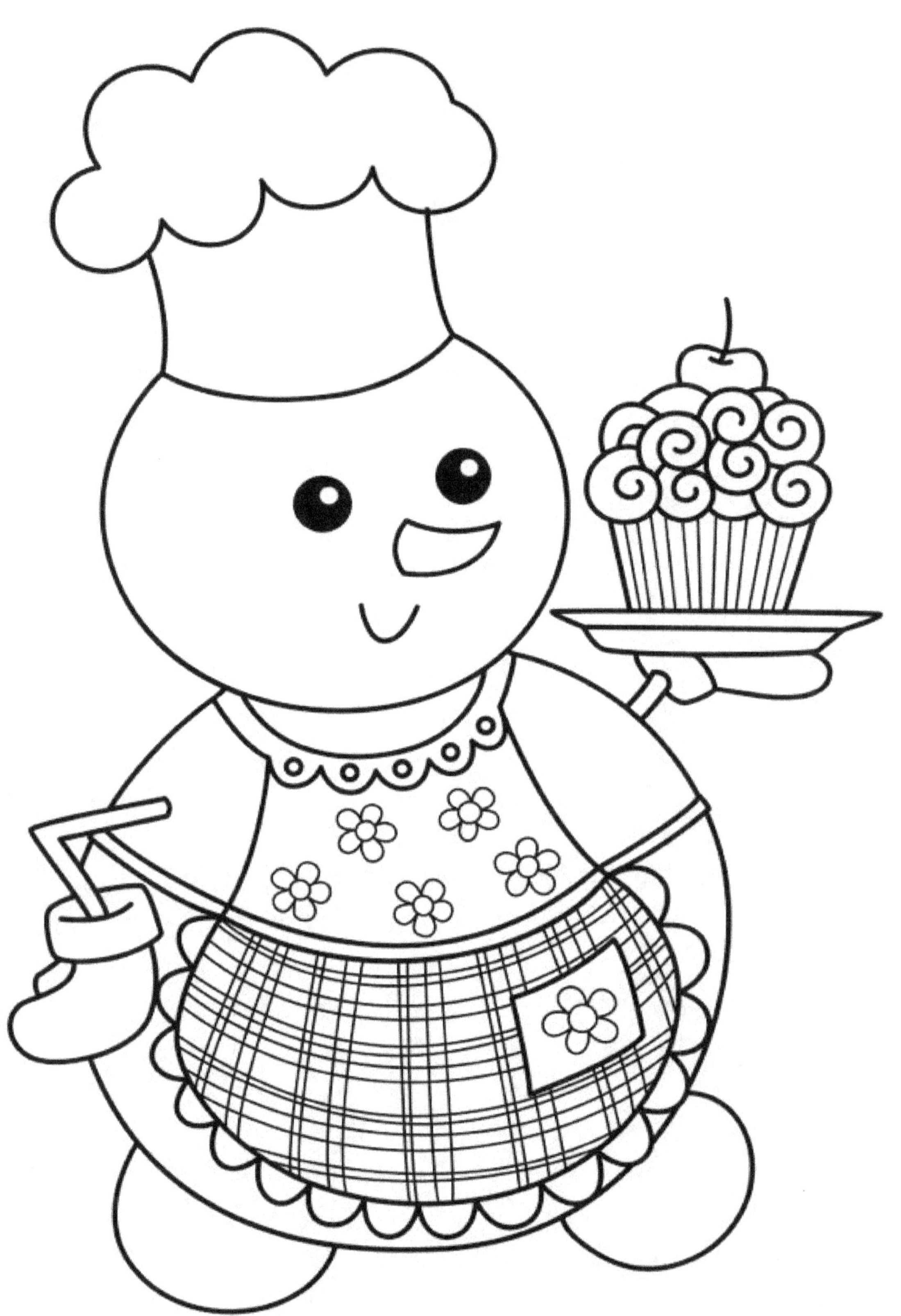

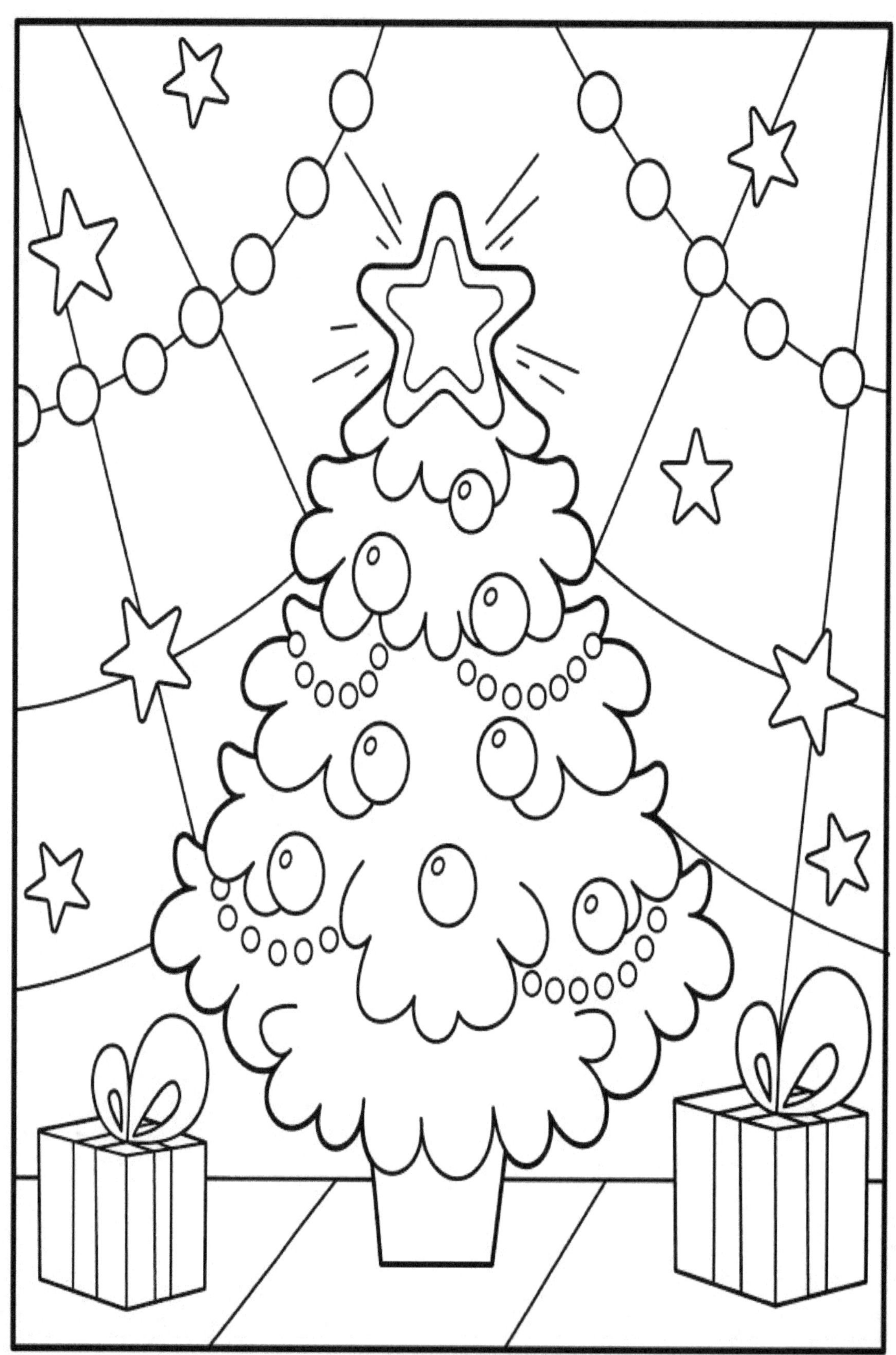

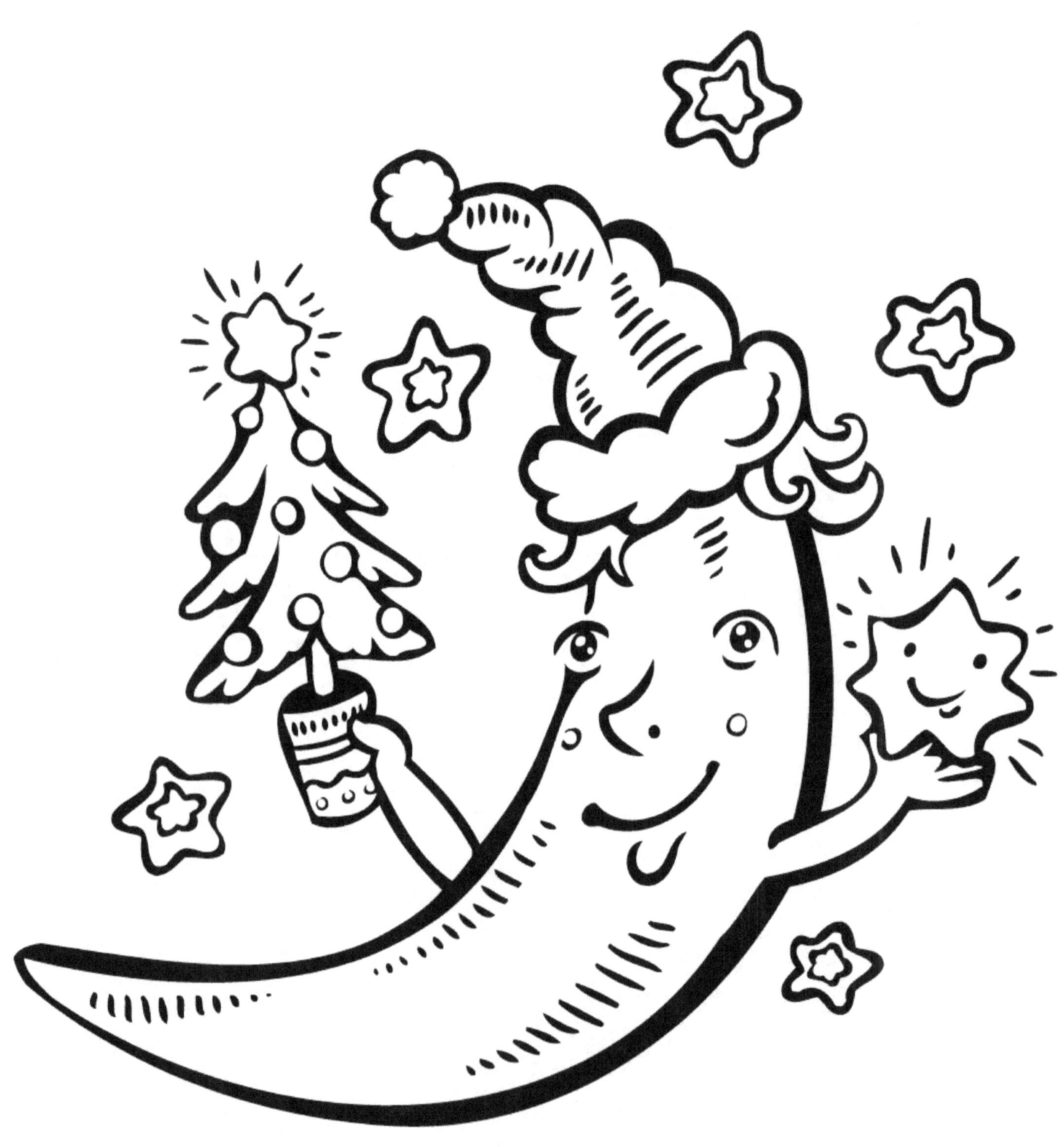

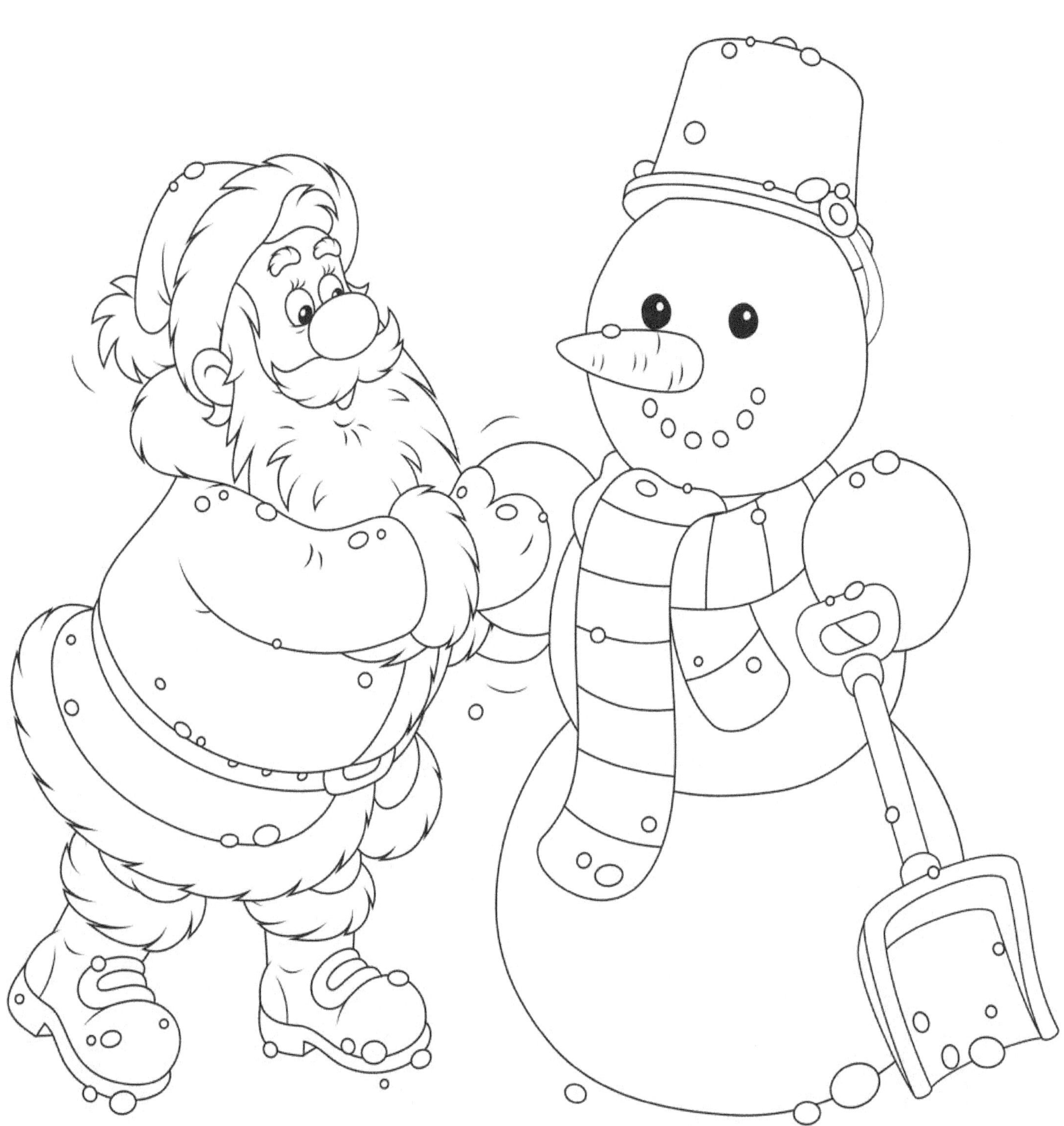

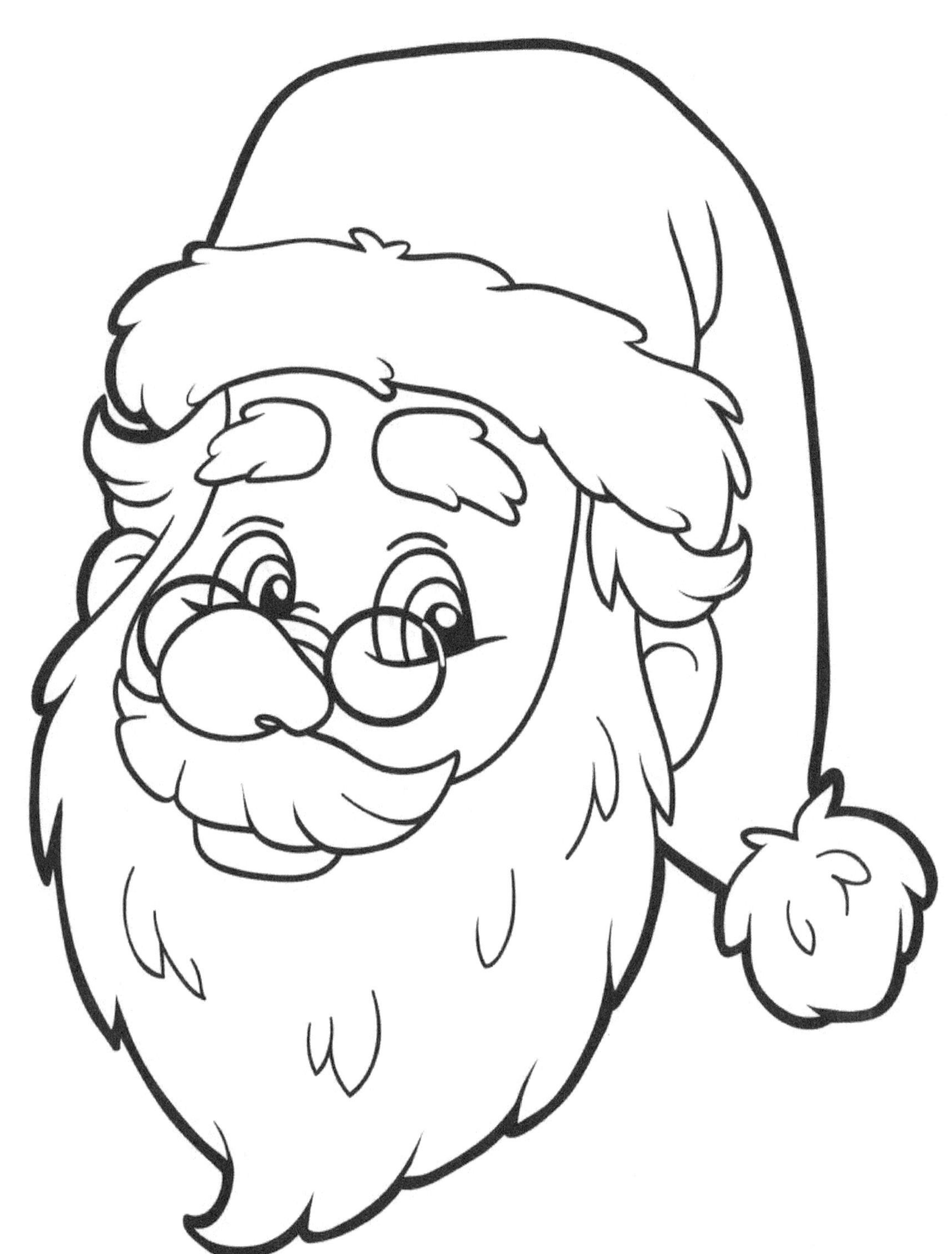

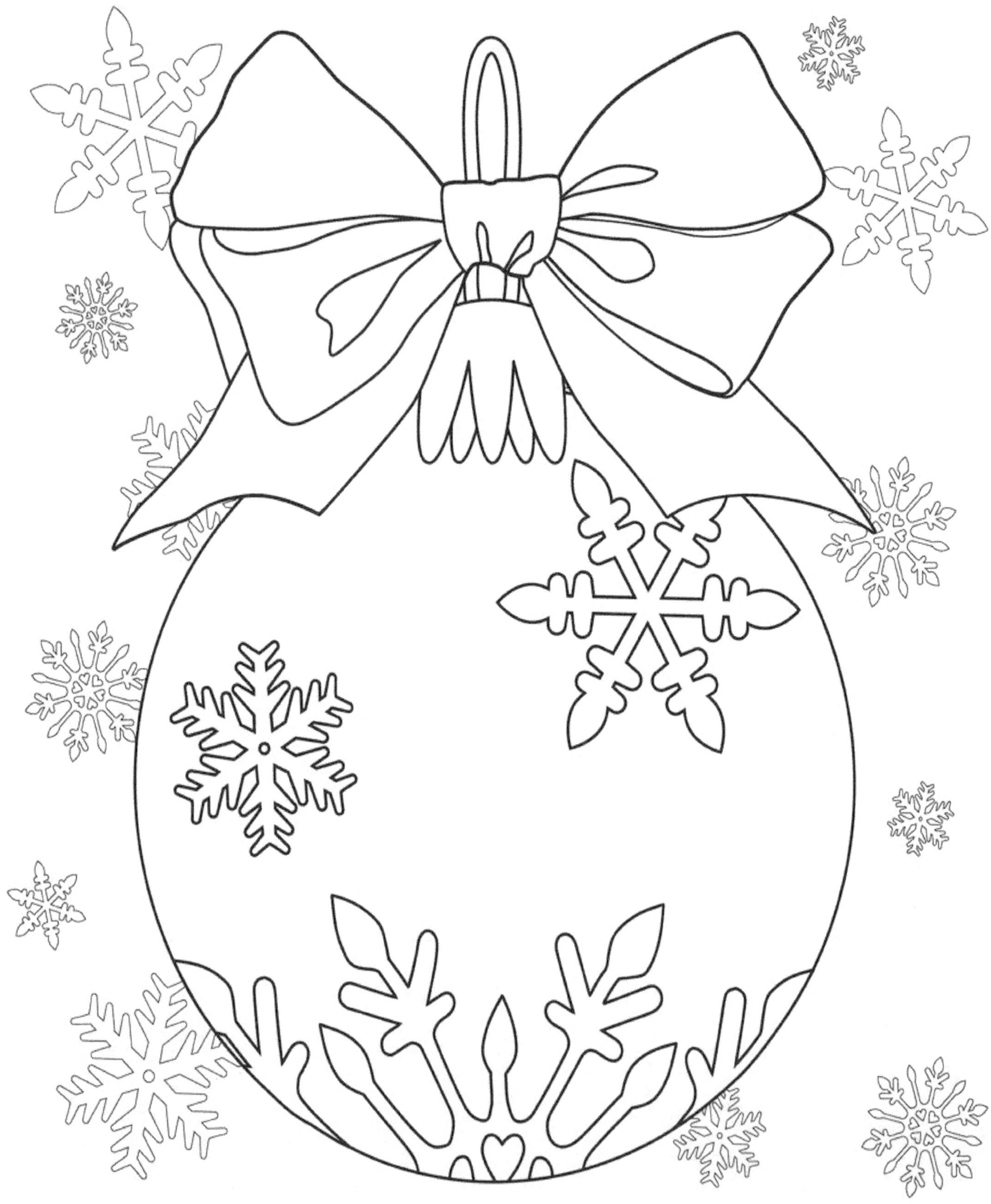

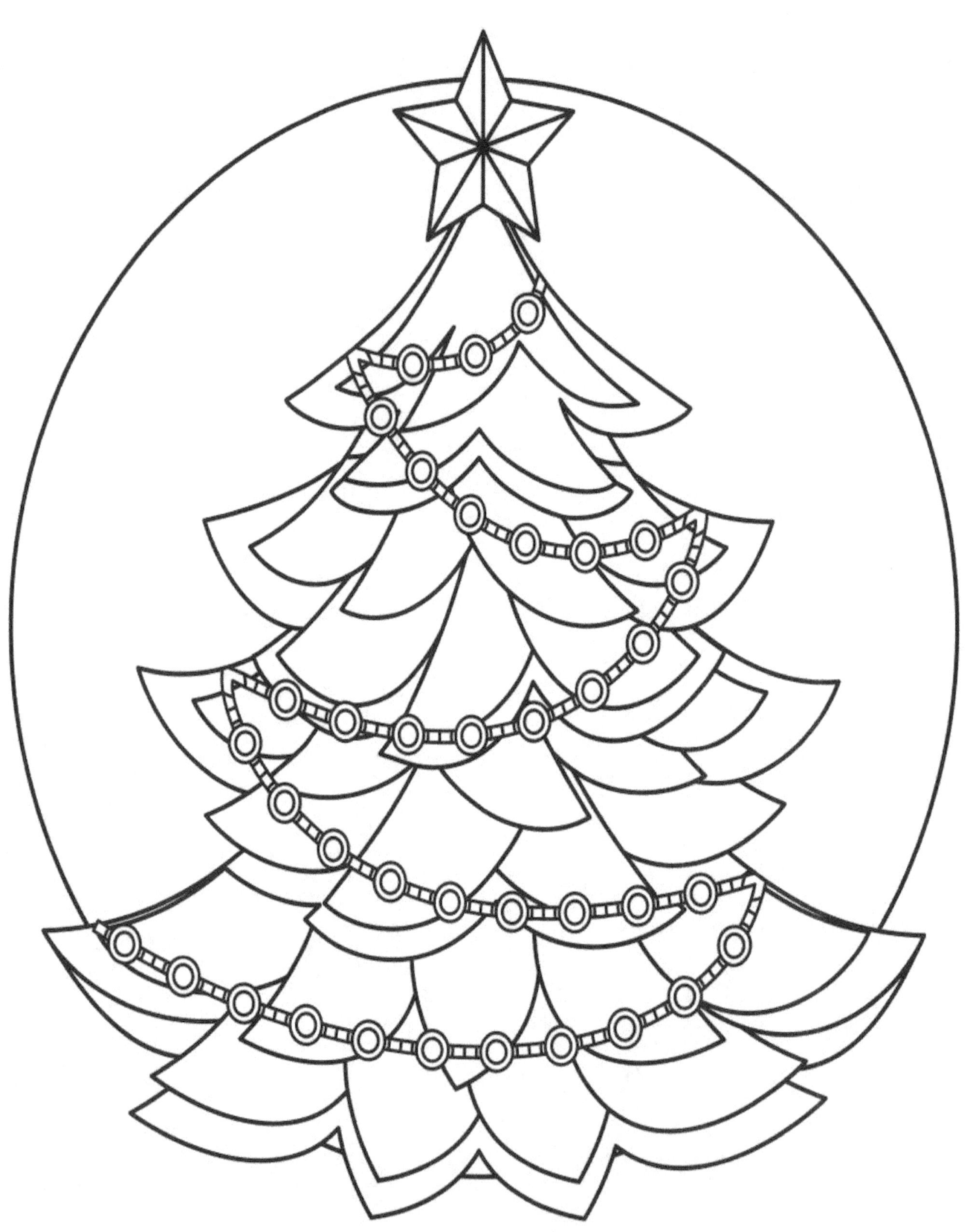

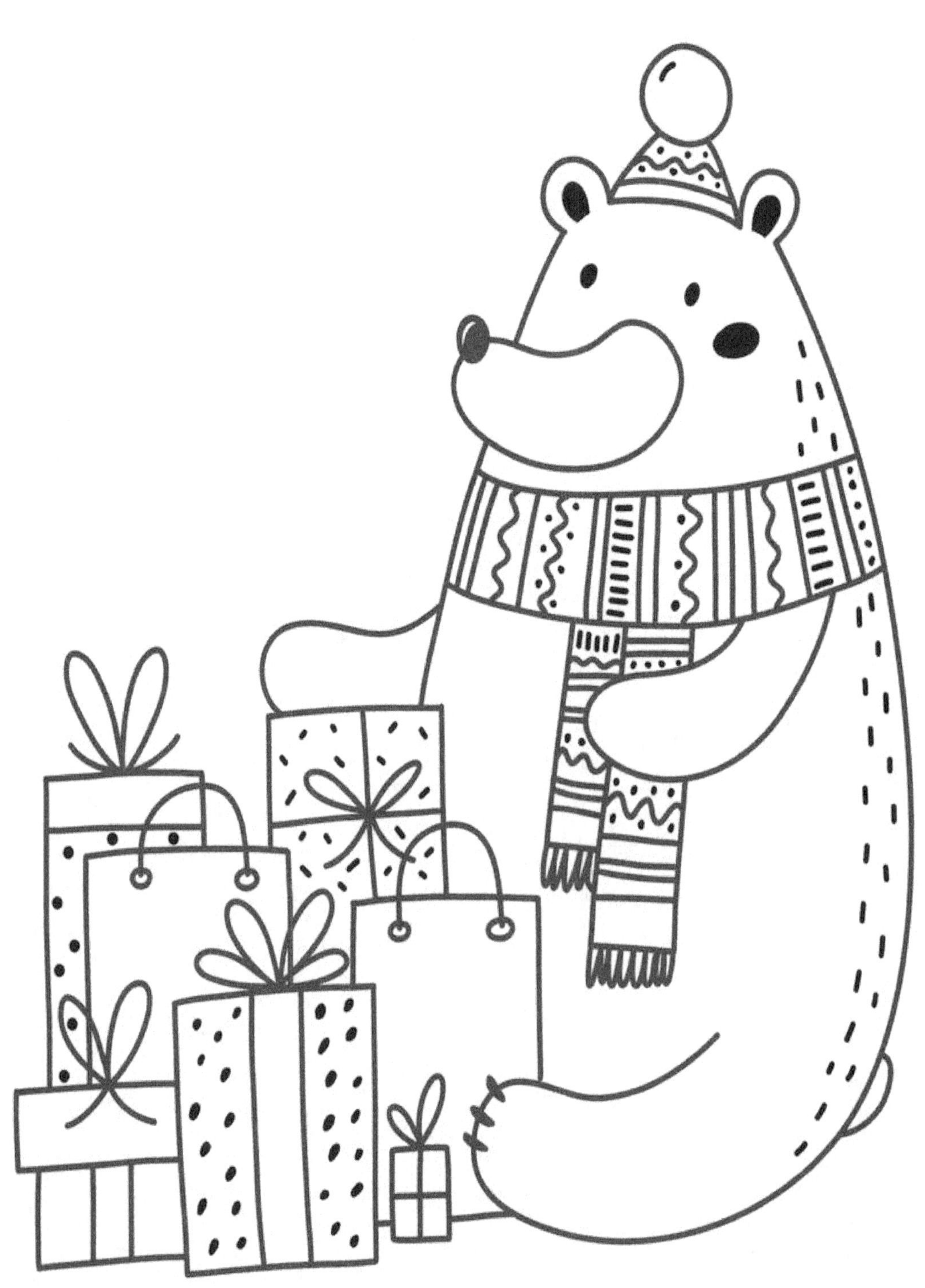

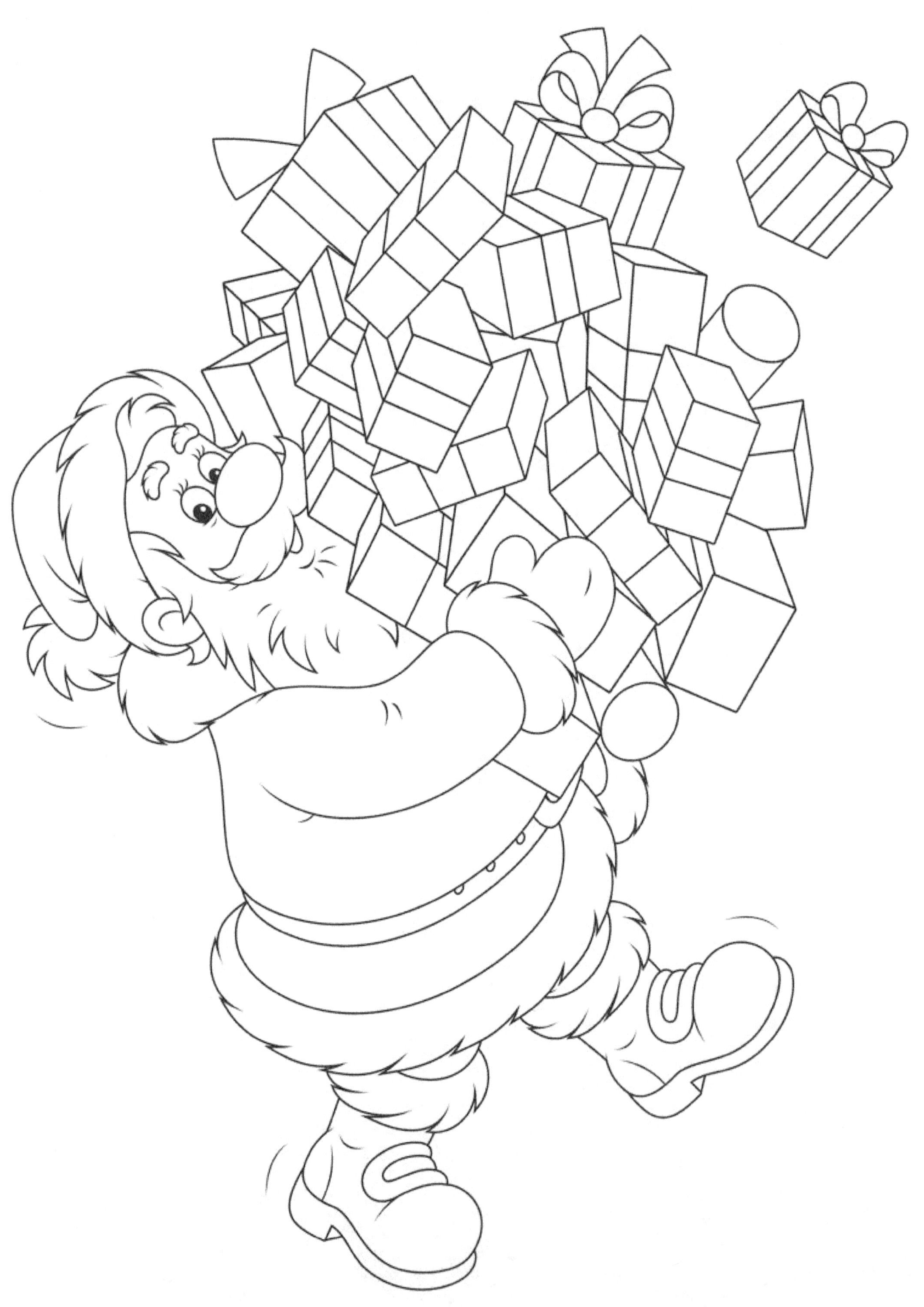

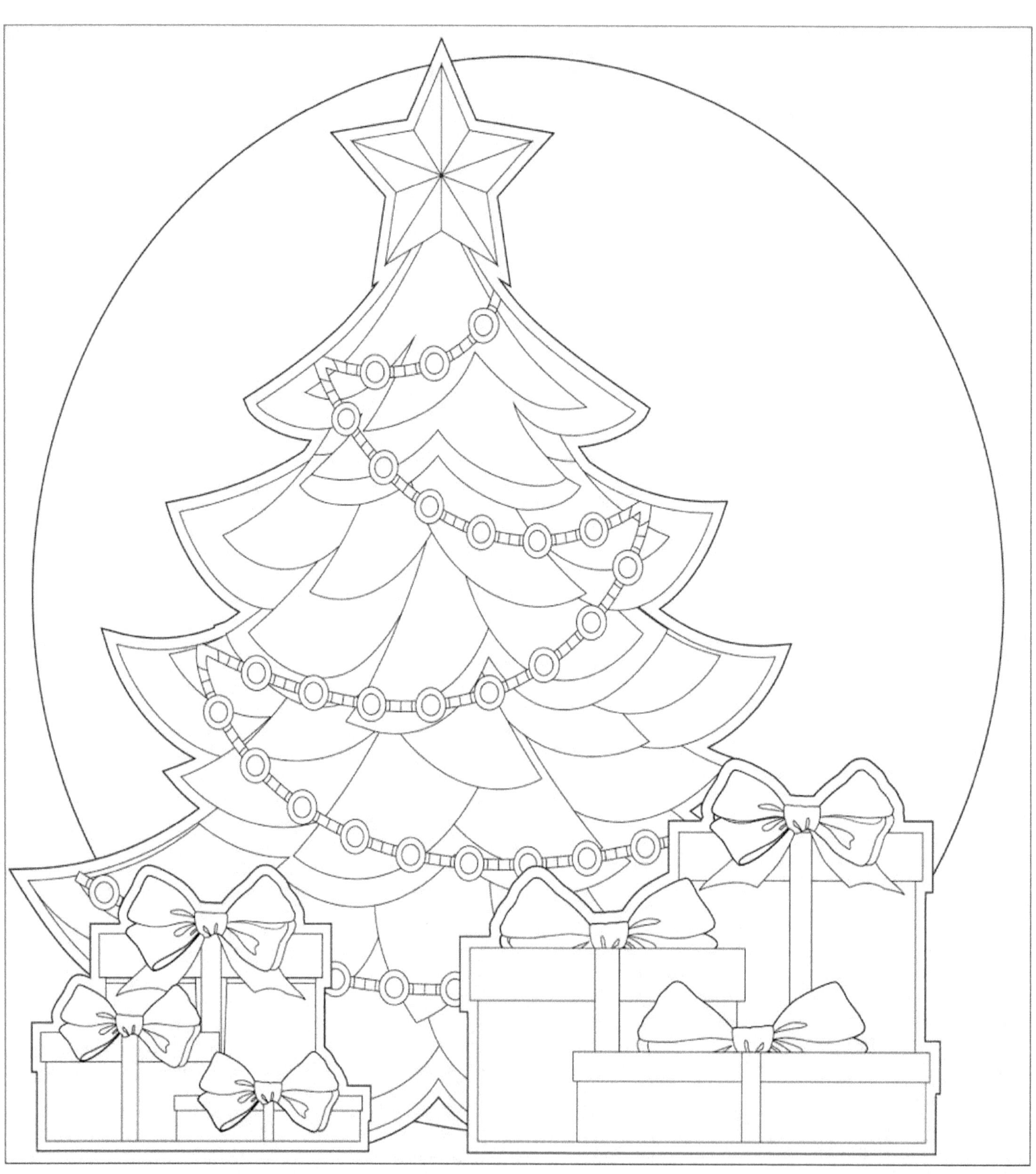

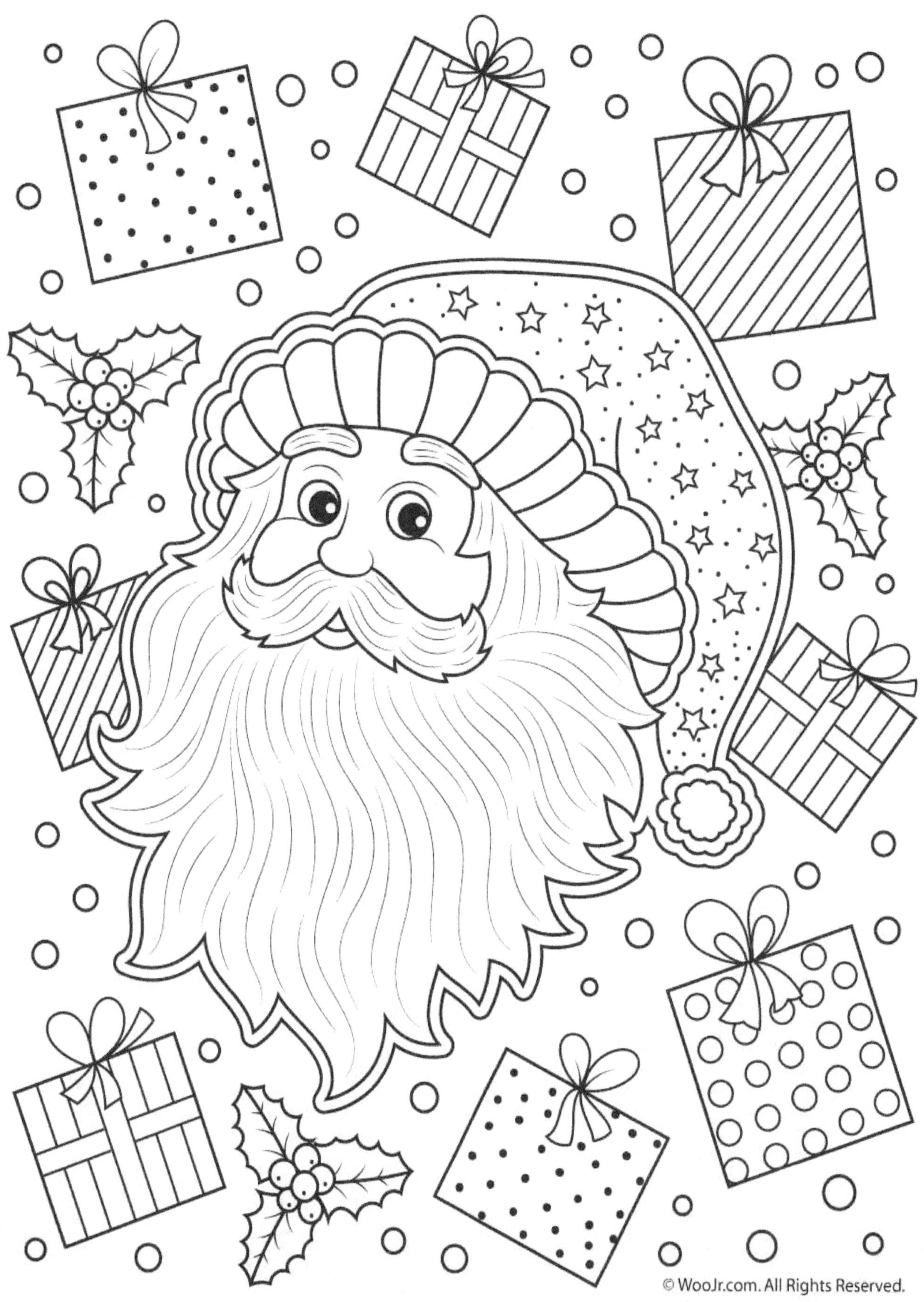

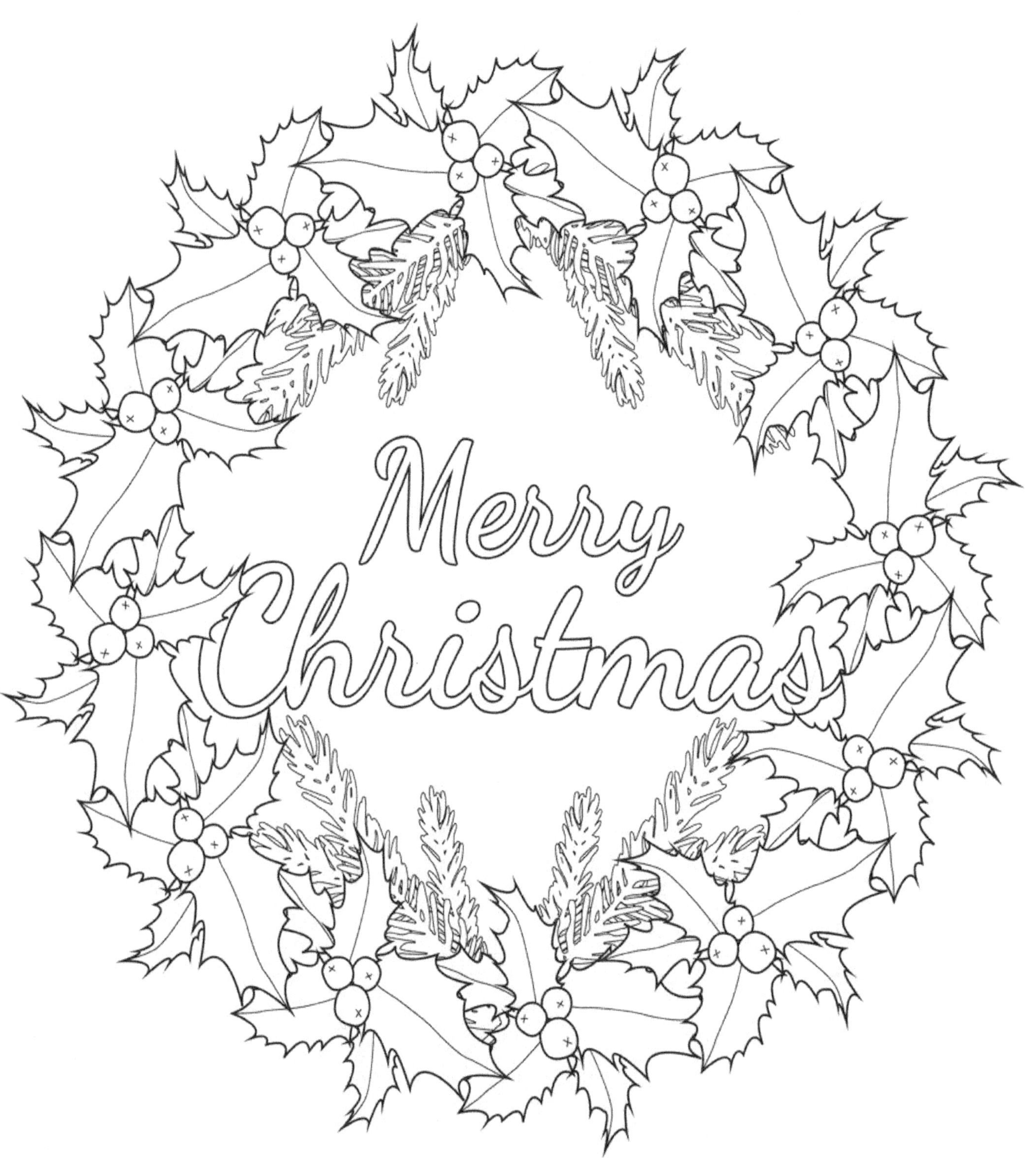

Merry
Christmas

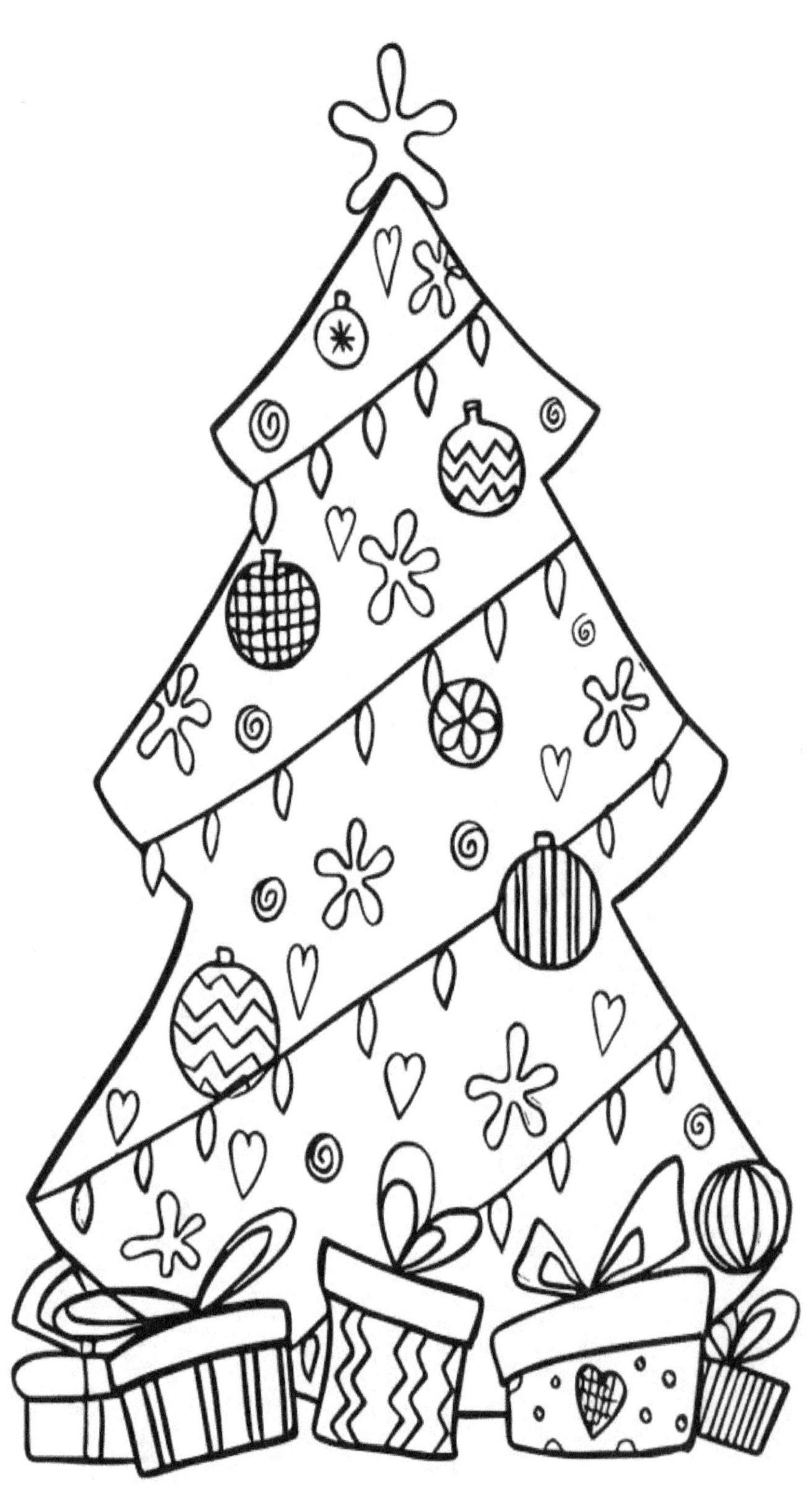

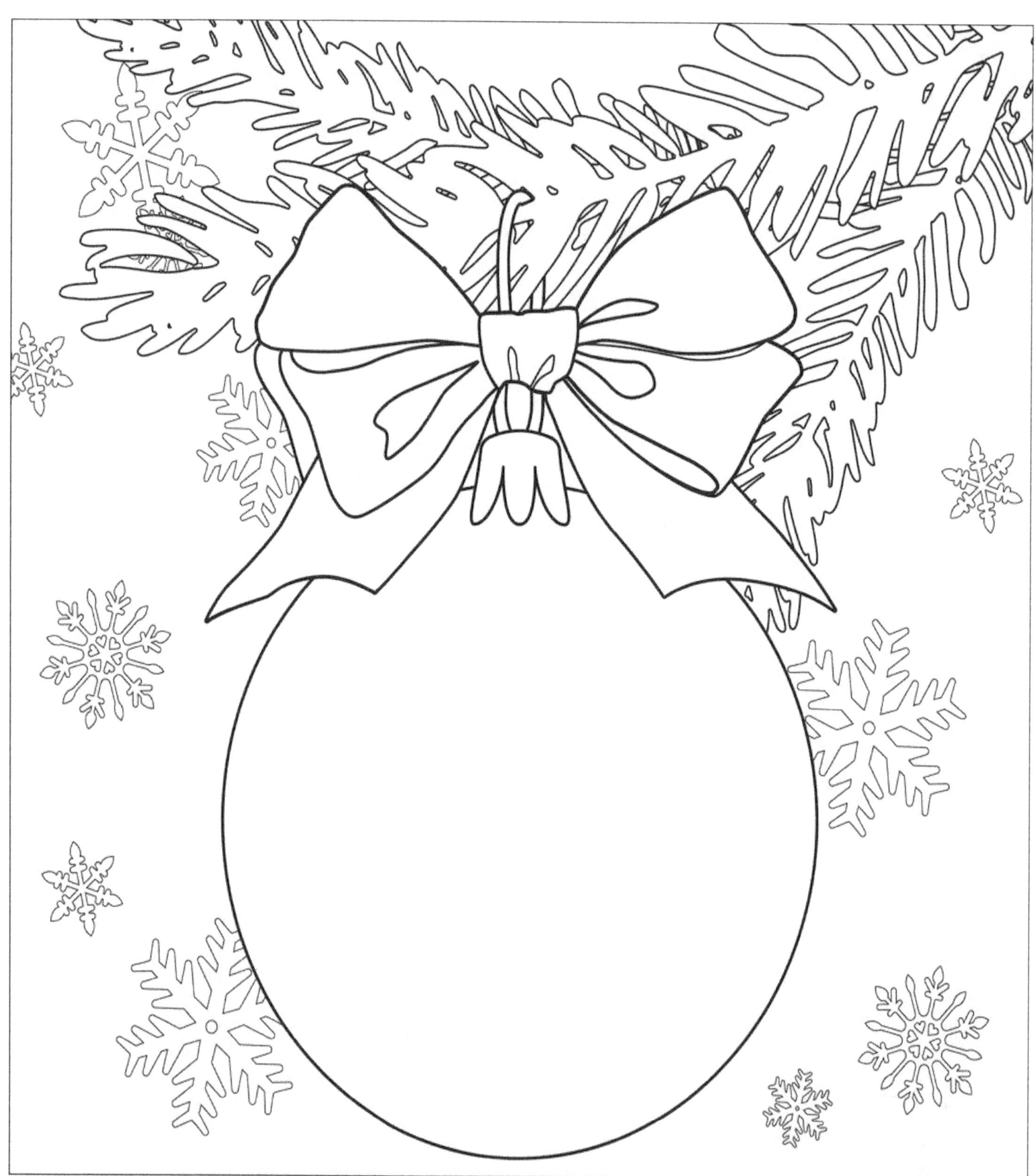

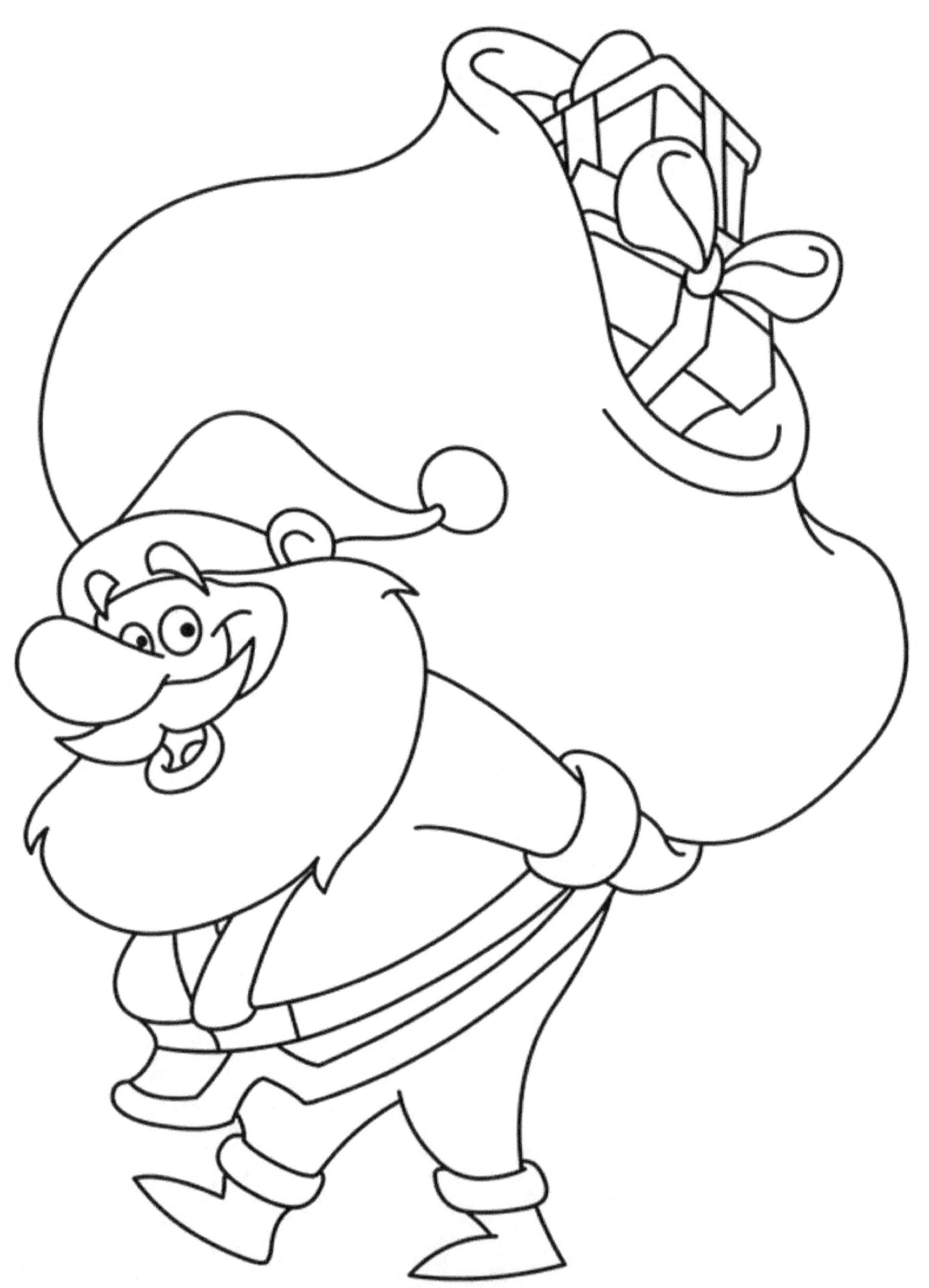

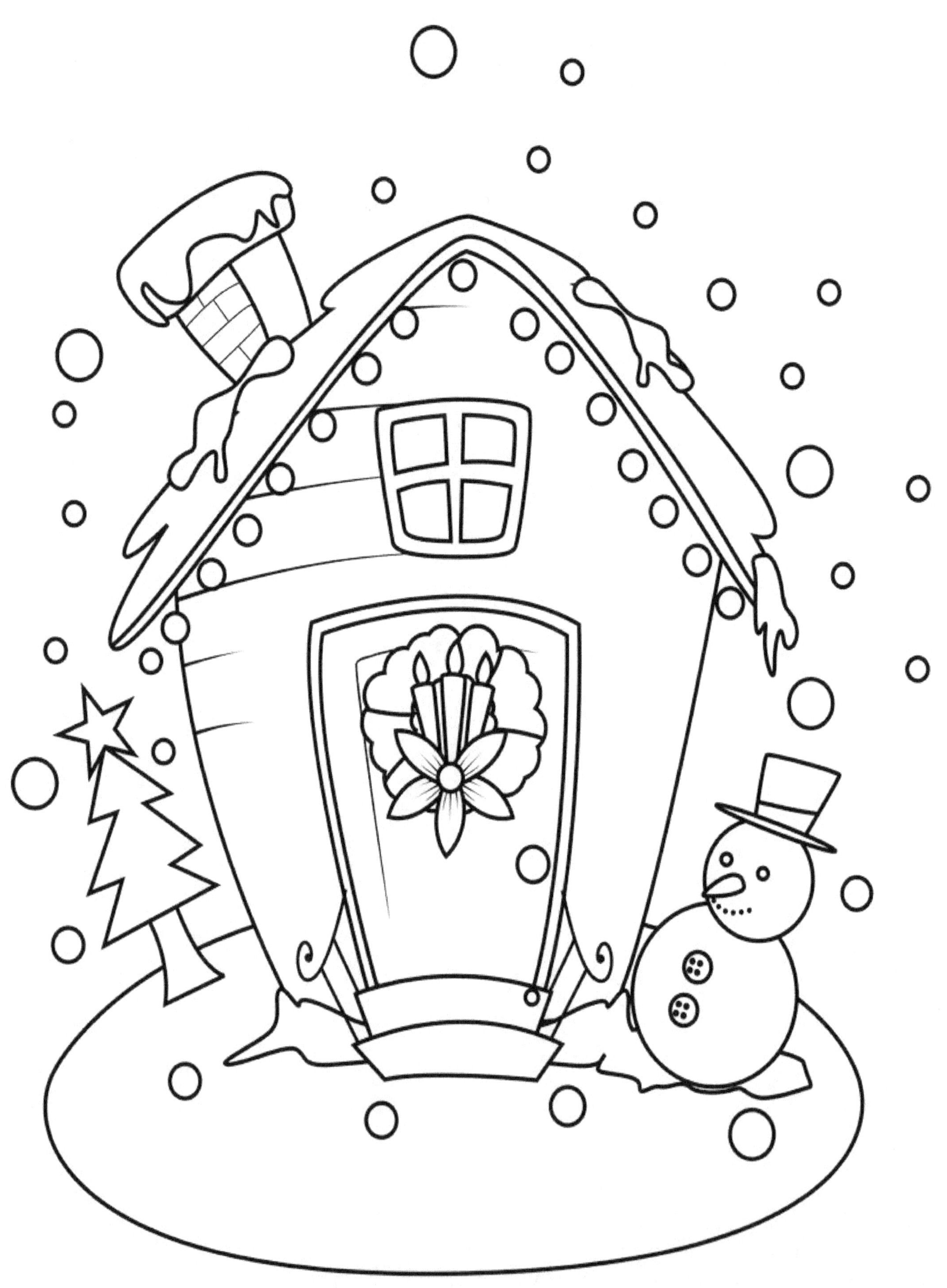

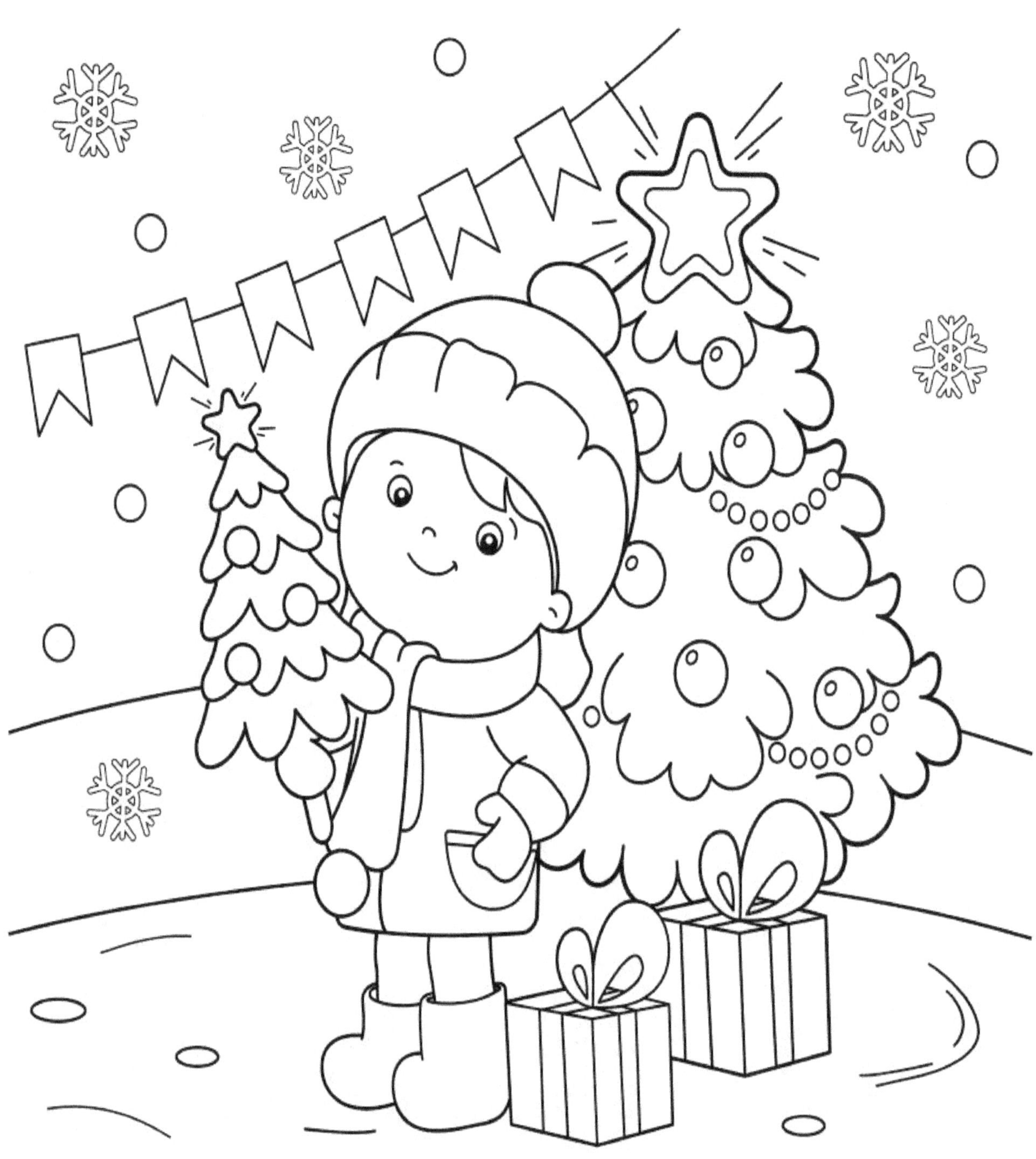

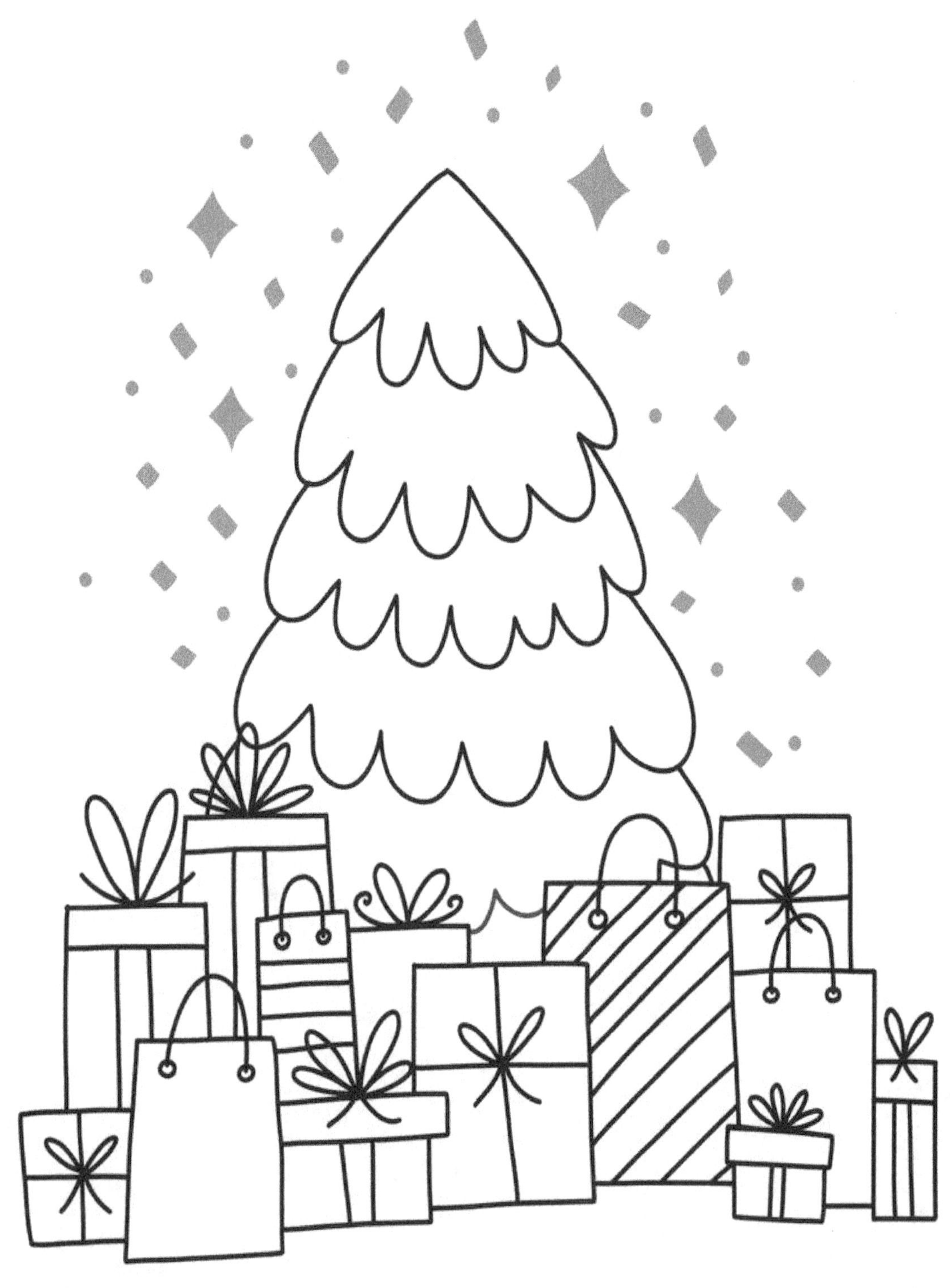

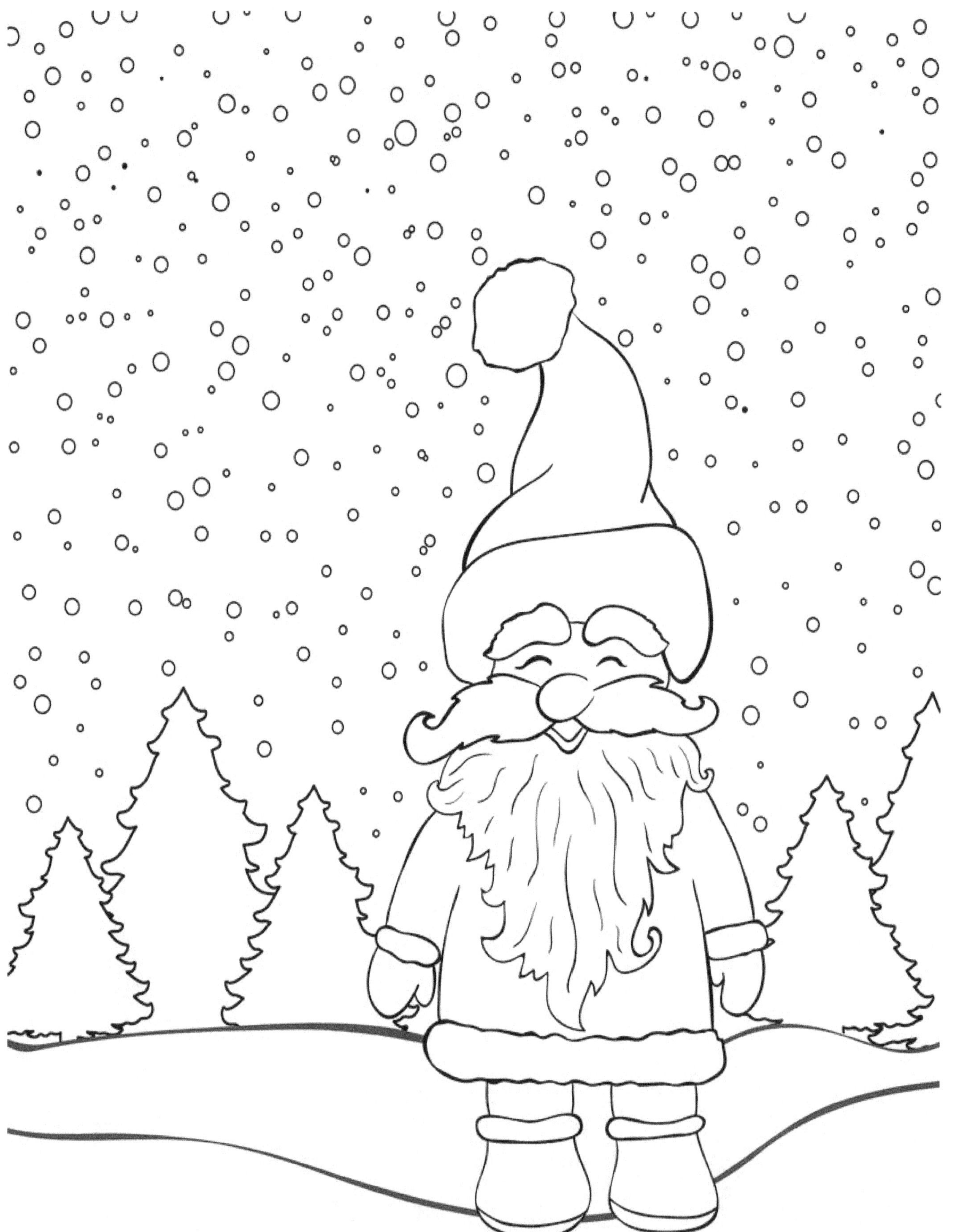

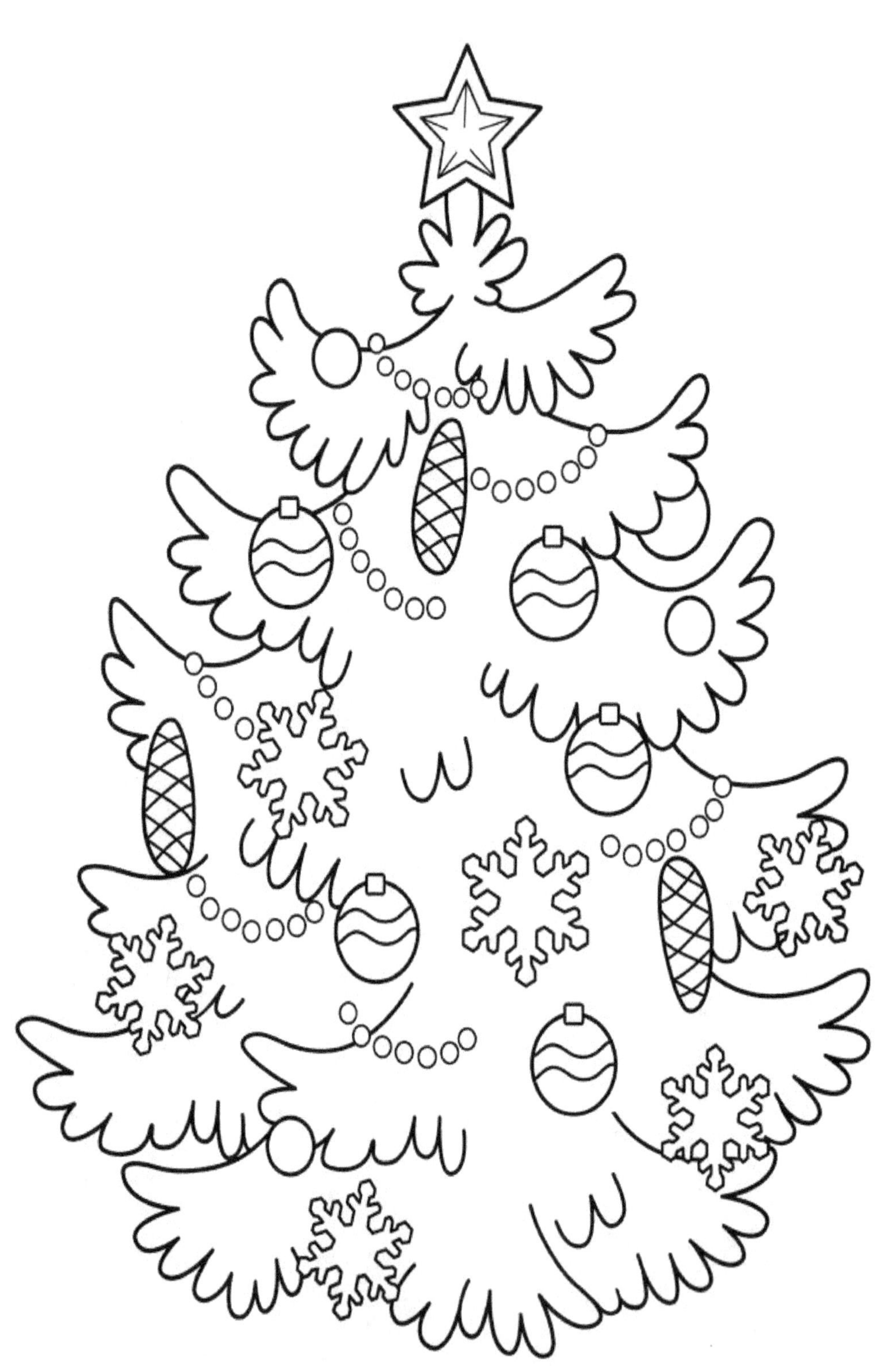

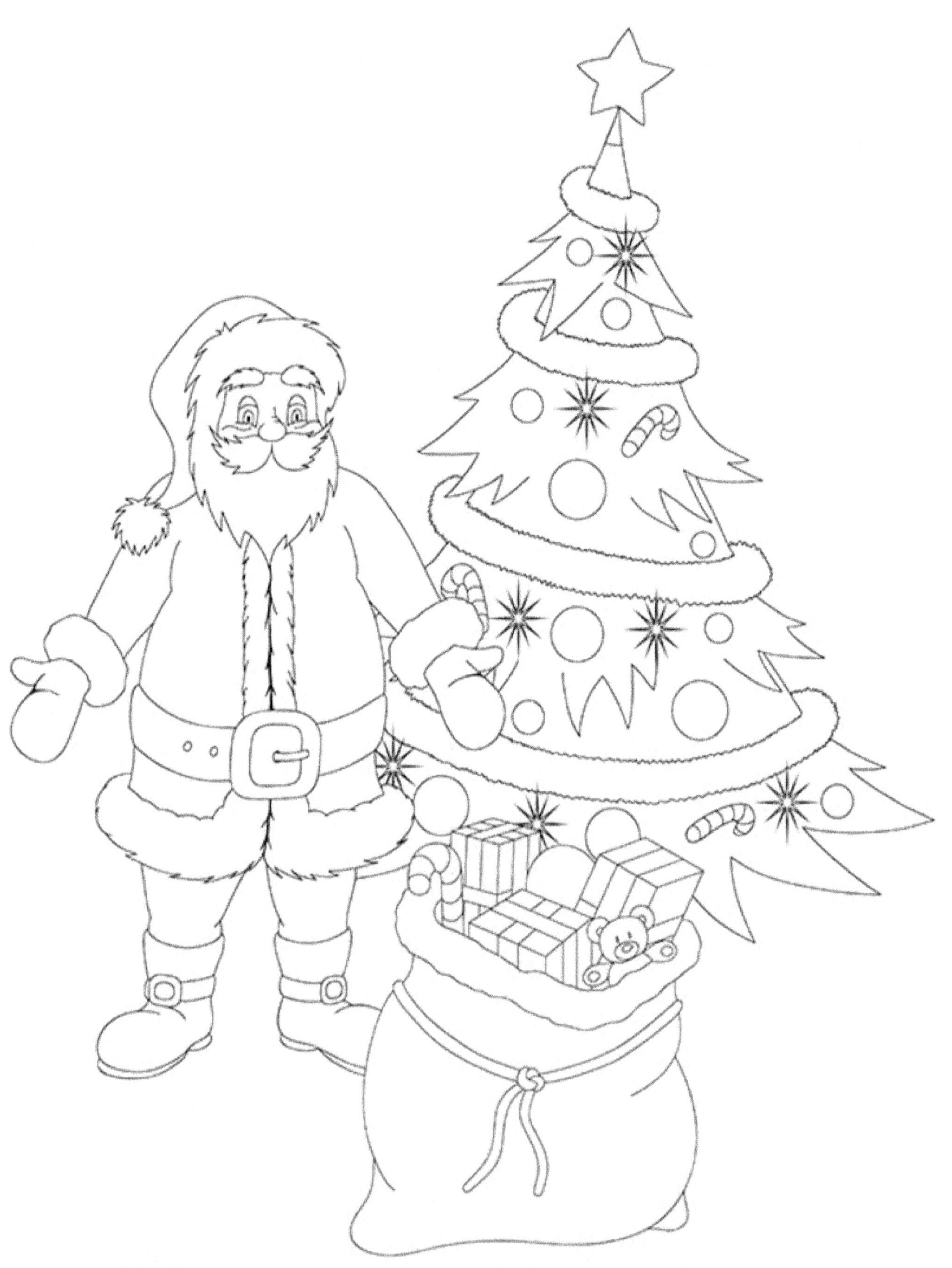

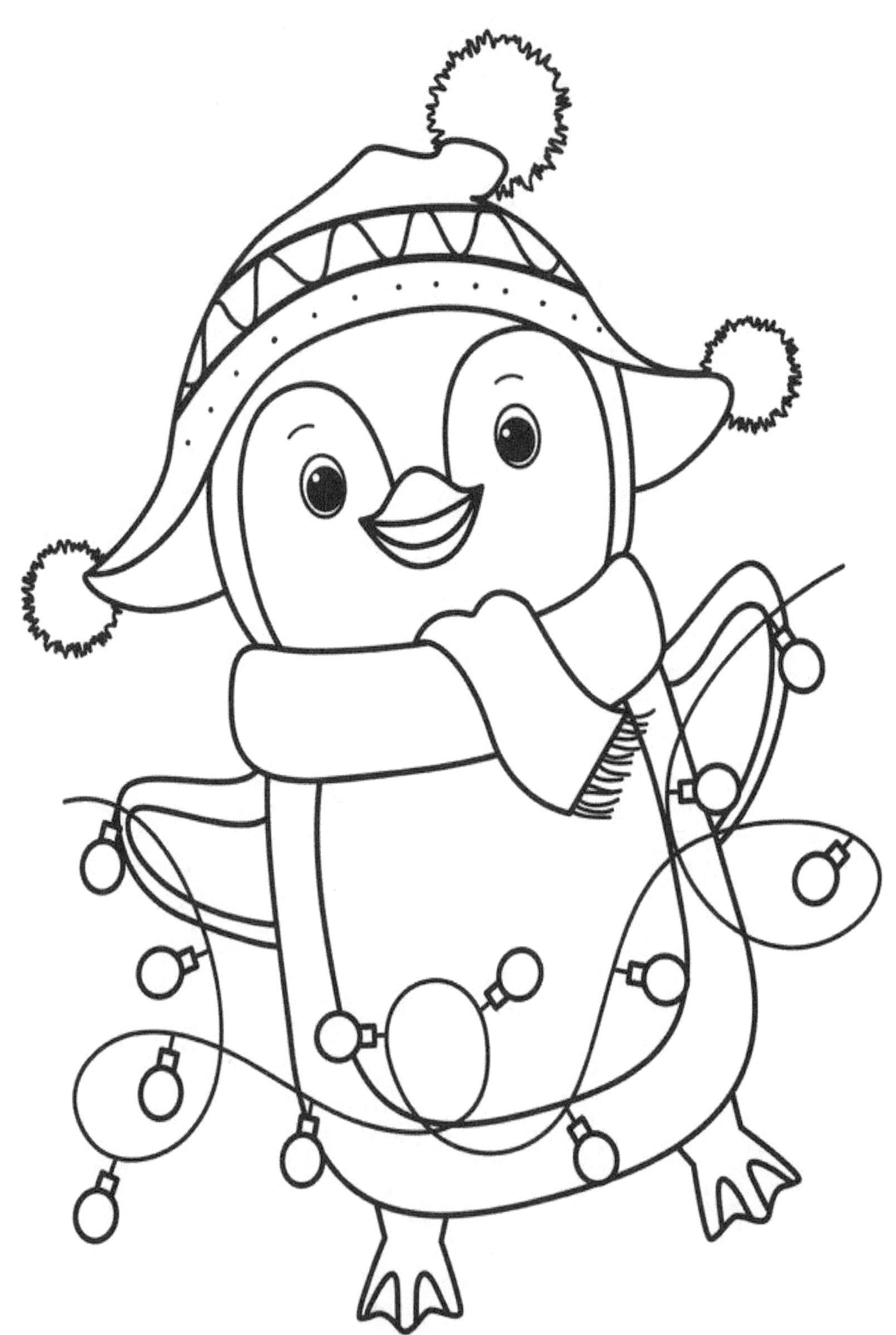

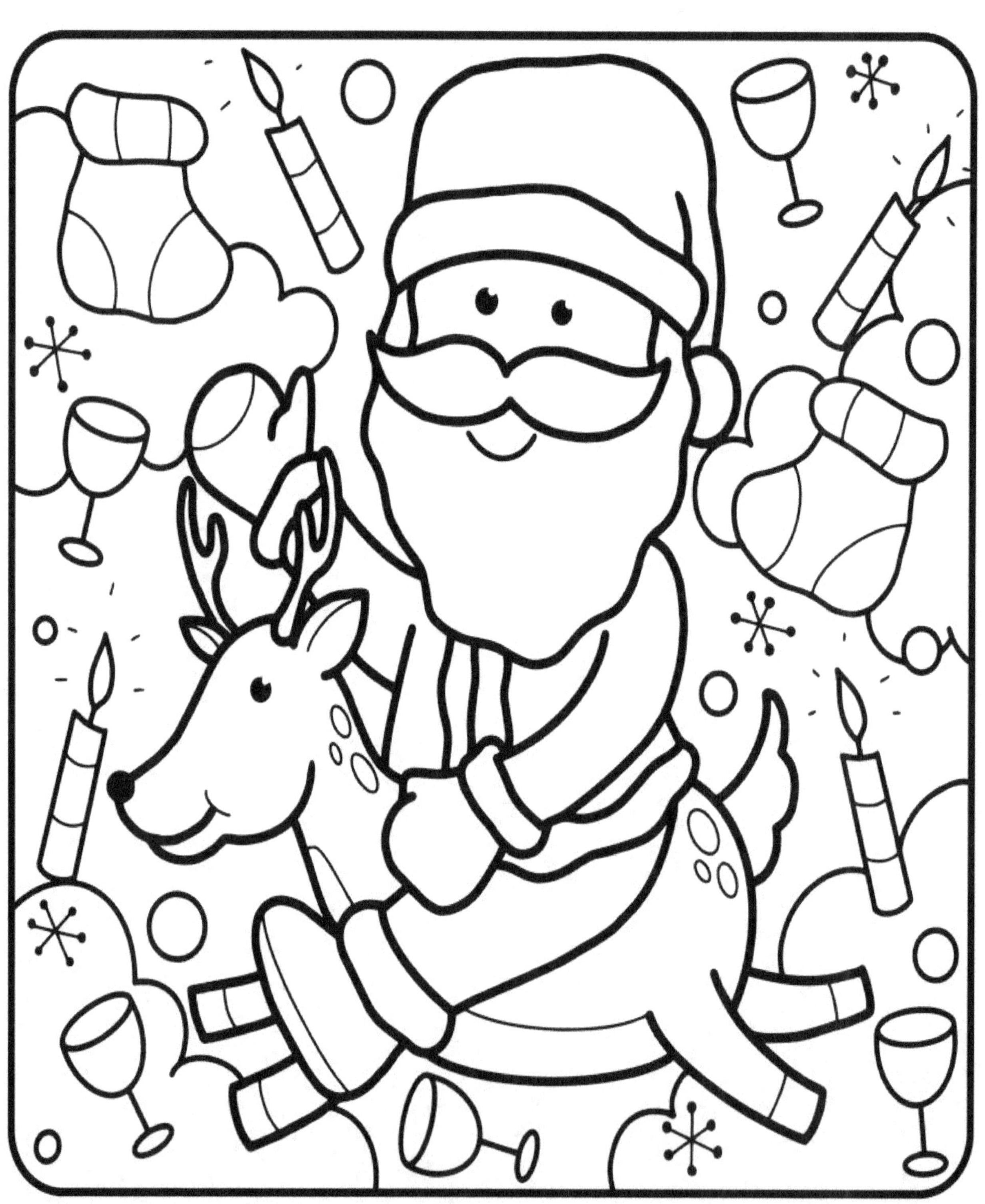

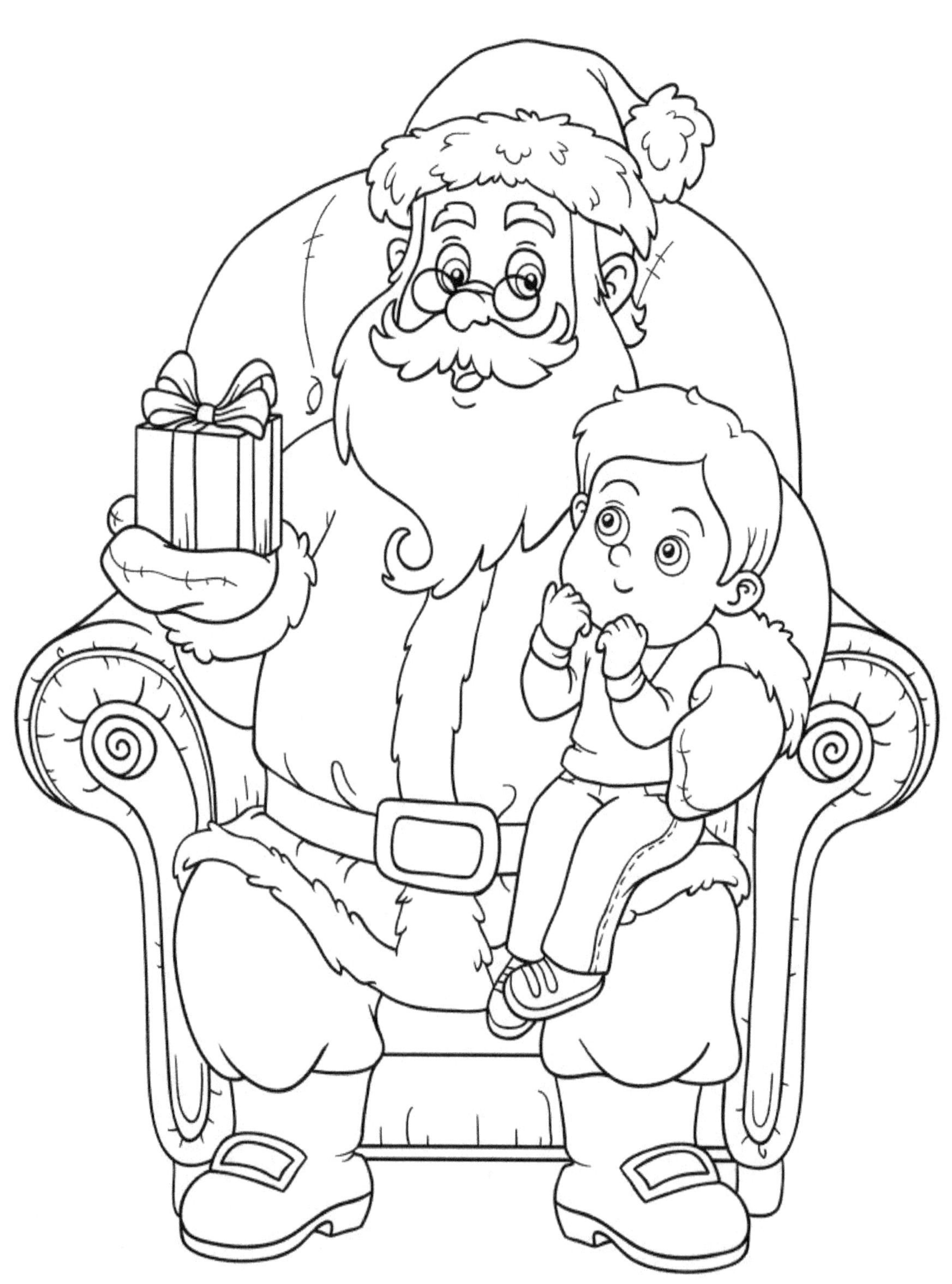

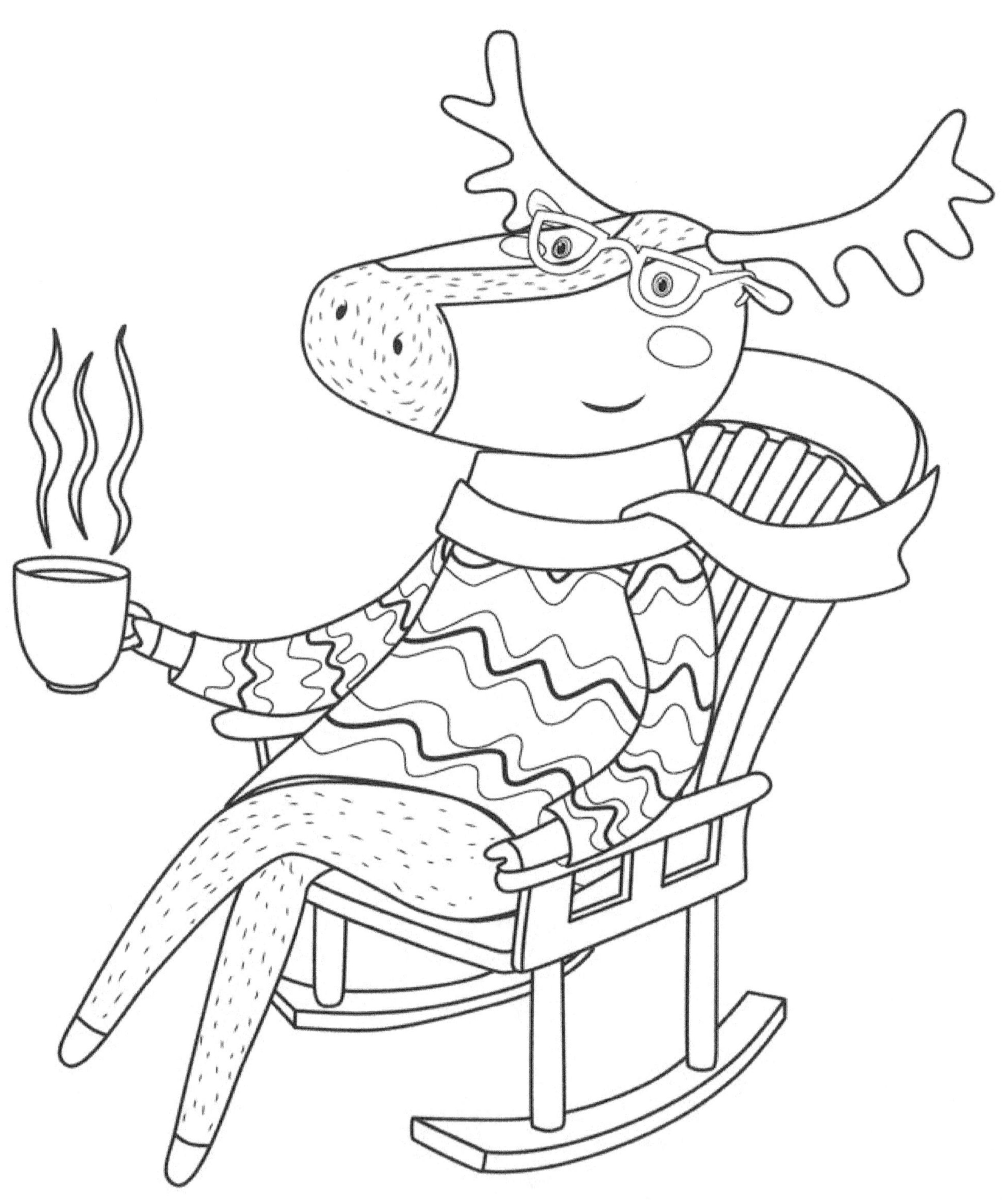

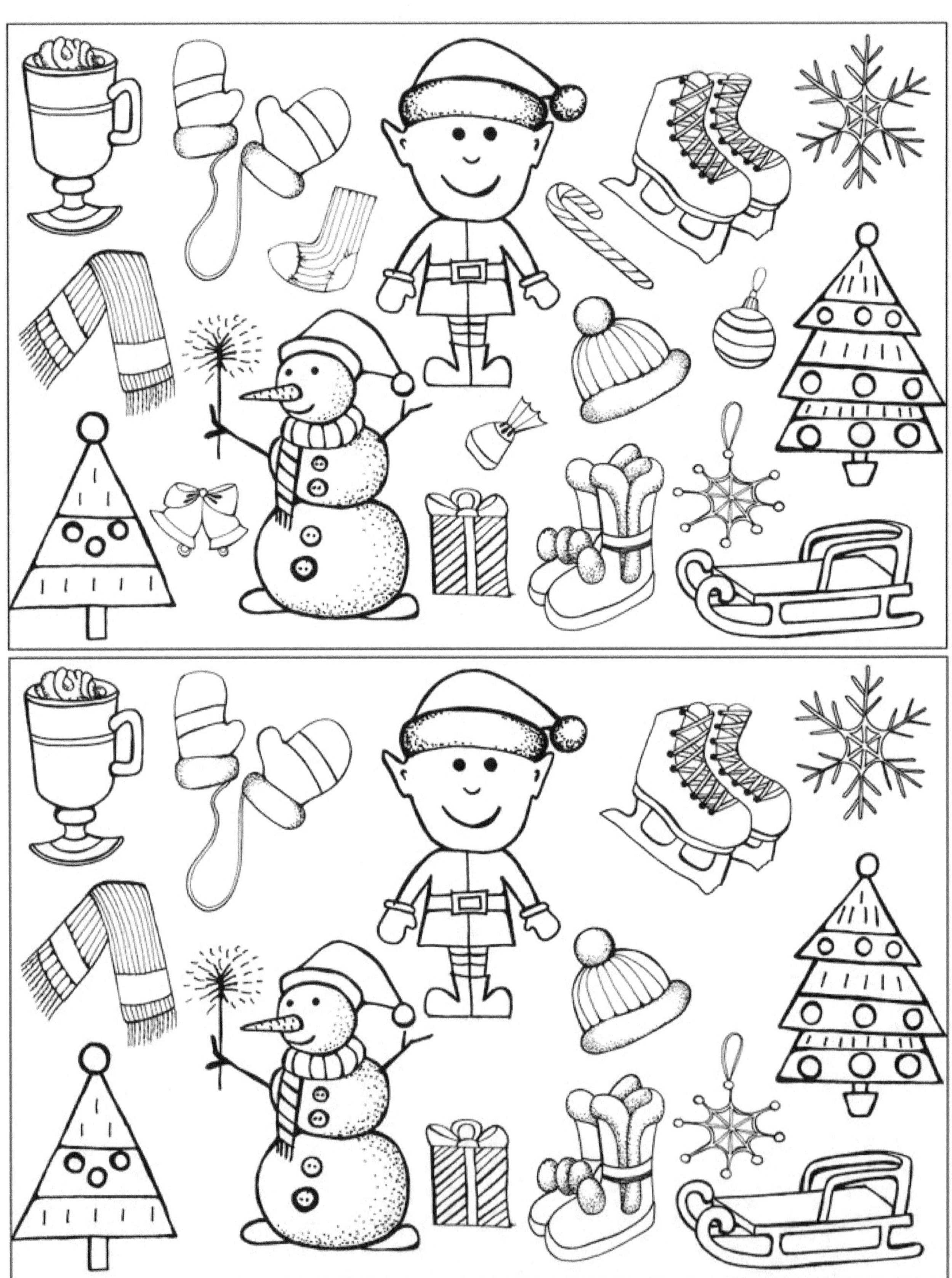

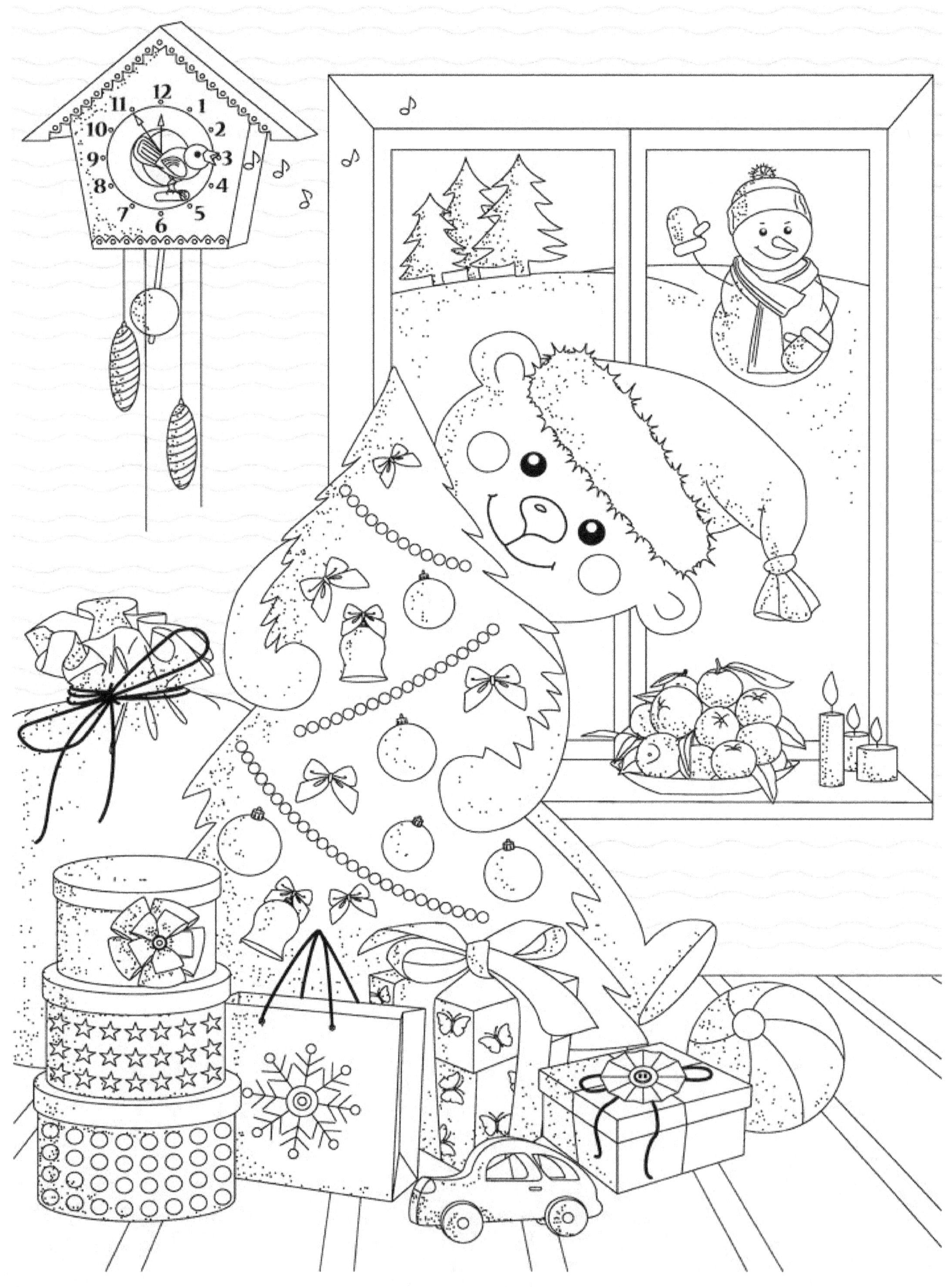

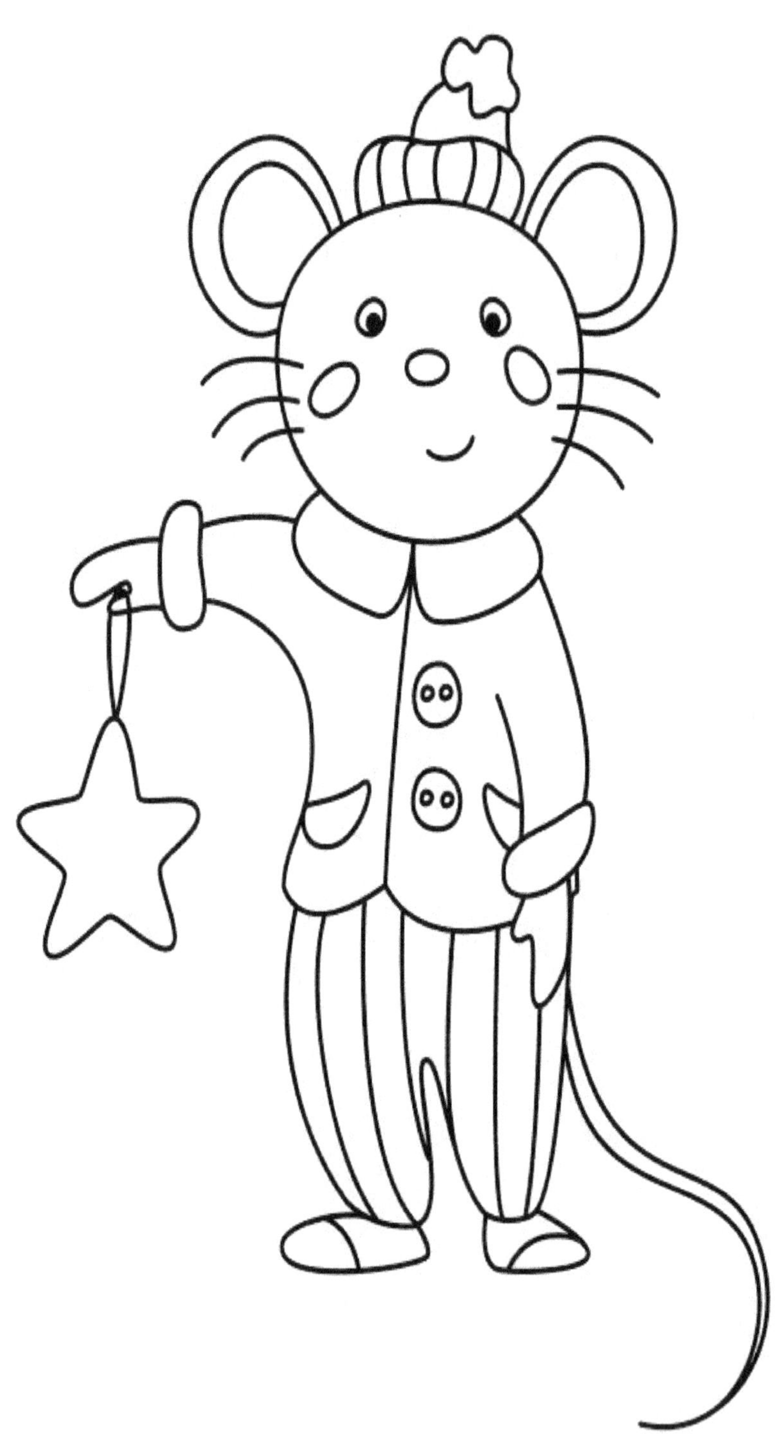

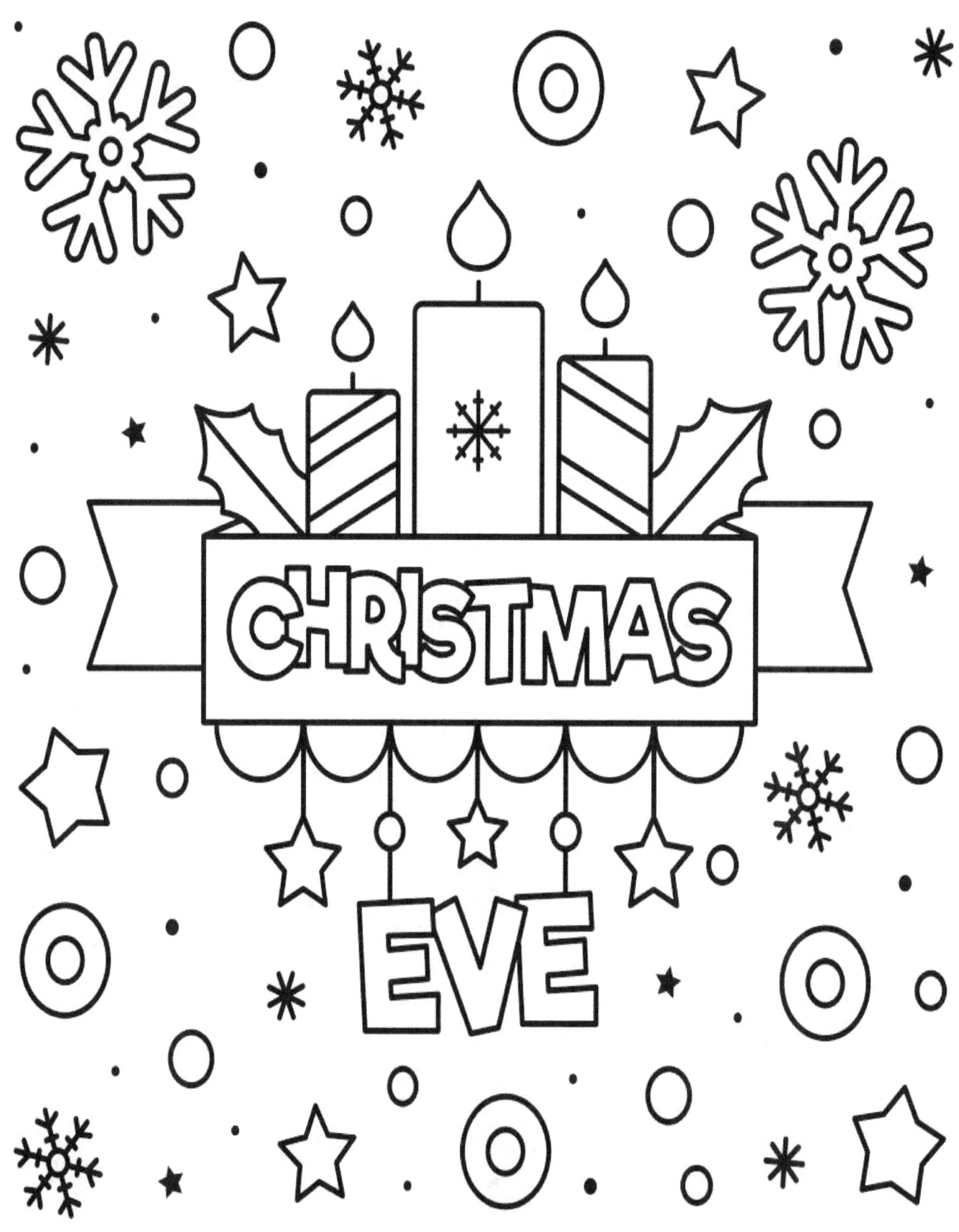

CHRISTMAS
EVE

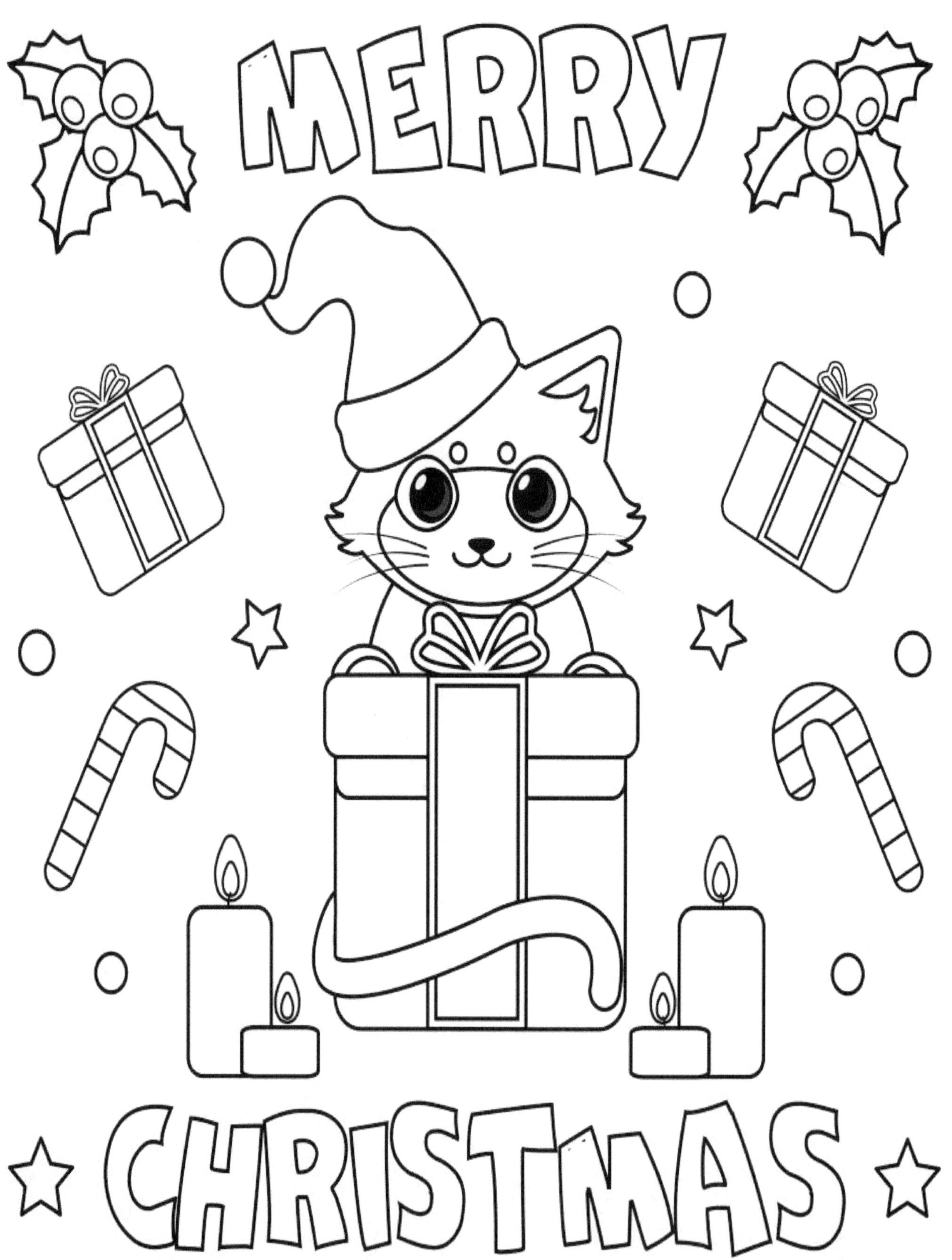

MERRY
CHRISTMAS